2015年度全国教育科学规划“十二五”规划教育部重点项目
《高校创新创业教育范式陷阱及突破路径研究》（项目编号：DFA150231）研究成果

“创造性毁灭”

与新时代企业家精神的高校培养路径研究

李玉梅 常晔 田越 / 著

山东人民出版社 · 济南
国家一级出版社 全国百佳图书出版单位

图书在版编目（CIP）数据

“创造性毁灭”与新时代企业家精神的高校培养路径研究/李玉梅，常晔，田越著.--济南:山东人民出版社，2018.11

ISBN 978-7-209-10757-0

Ⅰ. ①创… Ⅱ. ①李… ②常… ③田… Ⅲ. ①企业家-企业精神-教学研究-高等学校 Ⅳ. ①F272.91

“创造性毁灭”与新时代企业家精神的高校培养路径研究

CHUANGZAOXING HUIMIE YU XINSHIDAI QIYEJIA JINGSHEN DE GAOXIAO PEIYANG LUJING YANJIU

李玉梅 常 晔 田 越 著

主管单位 山东出版传媒股份有限公司
出版发行 山东人民出版社
出 版 人 胡长青
社　　址 济南市英雄山路165号
邮　　编 250002
电　　话 总编室（0531）82098914
　　　　 市场部（0531）82098027
网　　址 http://www.sd-book.com.cn
印　　装 济南万方盛景印刷有限公司
经　　销 新华书店

规　　格 16开（169mm×239mm）
印　　张 13
字　　数 180千字
版　　次 2018年11月第1版
印　　次 2018年11月第1次
印　　数 1-1000
ISBN 978-7-209-10757-0
定　　价 48.00元

前　言

新时代我们面临着建设创新型国家的历史任务。具有“创造性毁灭”精神的企业家在这一历史进程中应成为创新的主导者，而高校在整个企业家培养系统中占据先机，其创新创业教育具有不可推卸的责任与担当。新时代高校创新创业教育的核心任务是对大学生进行企业家精神塑造及其创业能力培育。

现有的相关研究存在以下不足之处：对“创造性毁灭”问题尚没有构建起完整的理论序列；对“创造性毁灭”与高校的创新创业教育之间没有建立起有效的链接；对高校的创新创业教育多进行规范研究而少实证研究。本书通过规范研究与实证研究相互结合、理论分析与模型分析相互验证的方法来进行相关课题的研究，以期能够弥补上述不足之处。

本书针对“创造性毁灭”的历史渊源、概念厘定及其理论的发展现状进行考察和总结，并在此基础上论证了“创造性毁灭”活动对经济增长的作用、高校突破创新创业教育“范式陷阱”的“创造性毁灭”思路、高校培育大学生“创造性毁灭”精神的路径以及我国传统文化中的“创造性毁灭”基因及其在高校创新创业教育中应用等内容，并得出以下结论：

第一，“创造性毁灭”以马克思主义思想为根，以熊彼特的理论体系为本，以企业家精神为载体，以“创新与冒险”为构成维度，以新时代现代化经济体系的构建为其基本任务。“创造性毁灭”思路还意味着一种打破常规、不因循守旧的方式方法；“创造性毁灭”还作为一种文化基因流淌在我国“新儒商”的精神血脉里。

第二，“创造性毁灭”活动体现为一种促进经济增长的技术进步效应。在我国经济的高速增长时期,我国产业所采纳的主要技术为经过本地化改进的外引技术。因此,在产业技术路径的选择过程中其实包含了"创造性毁灭"活动。这一内容的存在使这一时期我国经济增长模式的驱动力出现双重新特性:虽以要素驱动为主,但也是内含了"创造性毁灭"活动。这正是我国经济能够保持30年快速增长的重要原因。在习近平新时代,经济所处的阶段为新常态阶段。在经济新常态下,我国要素驱动经济增长模式下的产业范式面临着严峻的挑战最重要的驱动因素和资本积累的来源—要素的条件供给发生改变,原先的生产优势和竞争已逐步缩小,要素与原有生产技术之间的"默契"已被打破,所生产的产品正逐步丧失市场的正反馈信号。现阶段我国经济新增长点的发掘工作应从寻找增长新的驱动力着手。在这种情况下,显然需要由"创造性毁灭"活动发挥整体的创新作用才能够解决问题。现阶段的"创造性毁灭"活动的内容包括:第一是解决"低端锁定"的问题;第二是解决新的技术路径问题,以构建新的产业范式。这两步工作均需要具有"创新与冒险"精神的企业家来完成。

第三,目前我国的一些高校已经陷入了创新创业教育的"范式陷阱"之中,表现为大学生整体的创新创业动机不足,创业率与创业成功率均处于低位;高校突破创新创业教育"范式陷阱"的"创造性毁灭"思路便是借鉴新制度经济学的理论成果,以契约化视角对高校的创新创业教育重新做出系列制度安排,建立起高校大学生创新创业激励机制,且以激发大学生创办中小企业做为突破口。

第四,在施瓦茨价值观理论体系和量表体系中与"创新"与"冒险"寓意相通的两类价值观类型分别是自我实现价值观和刺激价值观,因而"创造性毁灭"企业家精神的价值观基础为自我实现价值观和刺激价值观。实证分析表明,在高校大学生群体中,他们的"价值观—创业态度—创业意向"之间存在着逐级因果关系。基于此,高校创新创业教育的核心任务是重塑企业家精神的价值观基础以及提升大学生的创新创业意向。高校可依照"相关价值观基础塑造—创业态度改善—创业意向形成"的思路,来构建关于培养大学生企业家精神的三步式路径:第一步,借助创新创业教育课程在大学生群体中重塑关于

"创造性毁灭"企业家精神的价值观基础;第二步,借助企业家精神价值观的塑造以及校园创新创业文化环境的建设来改善大学生群体的创业态度;第三步,借助企业家精神价值观塑造、大学生创业态度改善以及大学生创新创业激励机制的形成,来综合提升高校大学生群体的创业意向。在高校大学生创新创业意向的提升过程中存在着VAI(价值观—态度—意向)自动机制,但是该自动机制的触发须建立在上述第一步与第二步工作完成的基础之上。

第五,在我国的传统文化中包含着"创造性毁灭"的基因。新时代将我国传统优秀文化与"创造性毁灭"的企业家精神链接起来,以形成一种符合时代特征的"新儒商"文化。我国"新儒商"文化的特征具体表现为:以义取利、创新与冒险、现代契约与以利济世。从"新儒商"文化的视角研究我国高校如何培养大学生的企业家精神,就是要将我国传统文化中"创造性毁灭"基因有效地应用到高校的创新创业教育中去,并借助优秀传统文化的感召力和吸引力来加强教育的效率和效果。

总之,在新时代,我国经济的高质量发展迫切需要培育具备"创造性毁灭"精神的企业家阶层,因为这一阶层在民族复兴、中国梦的实现中均负有重要的历史责任。同时必须看到,企业家精神的培养实质上是个复杂的系统工程,需要高校乃至整个社会的共同努力始能成功。其中,高校的创新创业教育是最为重要和关键的环节,因为它面对的是最具备创新活力与创业潜力的群体,而培育这一群体的创新价值观与强烈创业意向自然成为高校创新创业教育的关键任务。高校企业家精神的培养路径是构建创新创业教育的"双机制"——大学生创新创业激励机制以及企业家精神培育的VAI自动机制,来达到改善大学生创业态度并提升其创业意向的目标。

目　录

导　言

近年来，我们国家对创新能力与创新人才的要求被置于史无前例的高度。这不仅充分体现在我们党和政府的系列重要文件中（党的十九大报告，2017；国务院36号文，2015；国务院37号文，2017；教育部3号文，2010）；而且更多地显现在国内外不断涌现的相关研究成果（Gao et al.，2010；Li X，2011；Liu et al.，2011；Orr & Roth，2012；Jiang et al.，2012；Bloom et al.，2016；Chungc &Tan，2017；王丽娟等，2014；常维国，2017；赵颖，2016；范新民等，2018；蒋海云等，2018）之中。

本书选择以《"创造性毁灭"与新时代企业家精神的高校培育路径研究》为题，是将研究课题置于新时代的背景下，并充分考虑我国建设创新型国家的迫切要求以及高校创新创业教育的任务目标的结果。

一、 研究前提及意义

当我们把创新能力以及创新人才的培养问题切实地提上工作日程之时，首先要理清几个根本问题；其次要努力探索这些问题的答案，因为在答案的背后可能便是我们要探寻的路径。

首当其冲的问题便是：创新的主导者应该是谁？政府？科研机构？抑或是企业？对此，学术界长期以来存在着争议。显然政府在其中的宏观管理作用不容置疑，但是若完全由政府主导的创新体制是不是最有效率的？通过探究关于经济增长的理论沿革脉络也许能够找到问题的答案。在内生经济增长的思想史中，针对创新与技术进步的主导者或推进者应该是谁的问题，经历了从国家政府、科研机构到私人部门的变化过程，而与此同时技术（创新成果）的属性也经历了从公共品到具有排他性（或部分排他性）的私人品（准公共物品）的演化过程。具体而言，1966 年卡尔·谢尔提出将创新与技术进步的来源界定为政府的财税收入的观点，换言之，他认为政府应该是创新的主导者。但是保罗·罗默（2018 年的诺贝尔经济学奖获得者、新增长理论的主要代表人物之一）通过 1986 年的研究成果充分表明技术创新可以视为私人企业实现其利润最大化目标的有效手段。其中，他在模型中将生产函数设计为 $Y = A(R)(R_jL_jK_j)$，L_j 与 K_j 为常规的劳动要素与资本要素；而 R_j 则代表了私人企业 j 研发出来的知识要素①。由此可见，知识或者是创新已经被视为不可或缺的生产要素之一。阿吉翁和霍伊特在《内生增长理论》（1998）一书中表明创新是个社会过程立场的同时，也强调了私人企业在技术创新及其创新管理中的具有一定的主体地位。事实上，对探寻上述问题答案最具有启示意义的是约瑟夫·熊彼得的创新理论体系。他在 1912 年出版的《经济进步理论》一书中，将企业家定义为能够“实现生产要素重组”的创新者。为了更加完整地阐释这一问题，熊彼特在《资本主义、社会主义和民主》（1942）一书中，不仅肯定了企业家在“创造性毁灭”中的主体作用，并且指出关乎资本主义存亡的一个重要原因便是企业家作用的废止（the obsolescence of the entrepreneurial function）。在上述文献研究的基础上，在此可以回答第一个问题，创新的主导者或主体应该是企业，其中企业家起关键作用。如果各行各业活跃着的企业家，均把创新视为实现其利润最大化目标的一种重要的理性行为时，那么整个社会创新不足的问题有望迎刃而解。事实上，近年来我国政府关于创新的系列政策举措充分地体现出上述意图。当我们把党的十九大

---

① Romer P. M.. Increasing Returns and Long - run Growth. Journal of Political Economy, 1986, 94 (5): 1002 - 1037.

报告所提出“创新是引领发展的第一动力，是建设现代化经济体系的战略支撑”和强调“市场在资源配置中的决定性作用”的文件精神，国务院关于“大众创业、万众创新”号召以及教育部关于高校创新创业教育①的指导思想紧密联系起来，从中可以深刻地感悟到，我们国家的决策层对培养创新型企业及其企业家的信心、决心以及战略布局。目前，在我国的经济社会中迫切需要一个庞大的、具有企业家精神的企业家阶层，以便在现代化经济体系的构建任务中承担起历史责任。而培育上述企业家阶层的工作可以进一步分解成为两大任务：培养企业家精神的任务以及鼓励创业（提升创业意向或意愿）的任务。其中培养企业家精神为首要任务。因为一旦不具备企业家精神，则不能担当起整体创新的艰巨任务。

第二个需要回答的问题是：我们要培养什么样的企业家精神？显然，企业家精神的构成维度中必须具备创新精神；与此同时，它还必须包括一种大无畏的精神以直面挫折和扫除障碍。企业家精神属性不应该是温和的或中庸的，因为企业家必须具备摧毁和淘汰过时事物的果敢与气魄；企业家们也不应该是爱好安逸的与因循守旧的，因为他们在摧毁和淘汰的同时，必须提出行之有效的新主张与新方法。基于此，一个概念——“创造性毁灭”，它广泛地蕴含于马克思的思想里，由桑巴特、熊彼得所发掘，而拉赫曼、哈维、马歇尔等学者以加拓展，能够较好地契合企业家精神的丰富内涵，并且对应我国新时代创新大业的目标要求。因此，“创造性毁灭”在本书中被确定为新时代我国企业家精神的内核。要说明的是，“创造性毁灭”在本书中不仅仅被视为一种与创新相关的企业家精神内核，而且还是一种能够引致我国经济增长以及高质量发展的活动，同时还代表着一种打破禁锢、锐意创新的思路以及隐含在我国新儒商精神中的一种传统文化基因。至此，针对第二个问题也已经给出答案：我们要培养的是“创造性毁灭”的企业家精神。

---

① 1999 年在教育部发布的《面向 21 世纪教育振兴行动计划》中提出大学生创业教育的概念，而教育部正式启动于 2002 年。

事实上，上述两个问题所涉及的方方面面内容已基本构成了本书的研究前提，对上述两个问题的回答恰好诠释了过程本课题的研究意义。本书在论证“创造性毁灭”对我国经济高质量发展积极意义的同时，更重要的是，要着力于解决一个应用问题：如何为我国的经济社会培育具有“创造性毁灭”精神的企业家？本书认为，如果将企业家阶层的培养过程视为一个开放的生态系统的话，它应该至少包括高校与社会两条基本的培养路径或渠道。因为高校在整个企业家培养系统中占据先机，所以高校的创新创业教育于其中负有不可推卸的责任与担当。基于此，本书的研究重点为高校大学生的企业家精神的培养路径；新时代高校创新创业教育的核心任务则界定为大学生企业家精神塑造及其创业能力的培育，其中企业家精神的塑造是重中之重的工作。

二、 本书的研究内容

就主要内容结构而言，本书共分为五大部分，且每一部分呈单独的章节。各部分内容既相互联系又彼此独立。其中第一部分所进行的相关概念厘定为后续章节内容的逐一展开奠定了基础；第二部分内容，论述“创造性毁灭”活动对我国经济增长的影响，其研究目的为强化论证“创造性毁灭”活动对我国现代化经济体系构建以及经济高质量发展的积极意义。它为高校在其创新创业教育中设定“创造性毁灭”企业家精神的培养任务做好铺垫；第三部分内容通过介绍高校创新创业教育的现状、存在问题以及原因，提出唯有以“创造性毁灭”的思路才能有效地逆转高校创新创业教育的低效现状，而具体的思路则体现为构建大学生创新创业激励机制。与此同时，第三部分内容为第四部分和第五部分内容设定了前提，因为后两部分会具体涉及创业动机（意向）的如何提升问题。要注意的是，从第三部分（章节）开始，本书的内容过渡到对高校创新创业教育路径的专门探讨；第四部分内容是在实地调研和实证分析基础上，进一步提出关于我国高校“创造性毁灭”企业家精神培养路径的建议；第五部分内容，从我国传统文化里寻找“创造性毁灭”的基因元素，并探索以传统文化助力高校培养大学生企业家精神的具体方式与方法。接下来将针对各部分内容进行具体的介绍。

第一章进行“创造性毁灭”的概念梳理以及企业家精神构成维度的界定。首先，介绍了“创造性毁灭”思想的渊源。“创造性毁灭”的原始理念可追溯于古埃及人关于不死鸟——菲尼克斯的神话传说。其概念一般认为由约瑟夫·熊彼得最早系统地提出的，但之前维尔纳·桑巴特有个类似的提法，但更早的思想源头应该是马克思的思想。因此本部分依次阐述马克思、桑巴特以及熊彼得关于“创造性毁灭”的思想与理论①，随后介绍了阿吉翁与霍伊特基于内生经济增长的视角提供的关于“创造性毁灭”的数理模型，并基于“创造性毁灭”的神话传说历史渊源、马克思主义相关思想、桑巴特与熊彼得的理论观点以及阿吉翁和霍伊特的相关模型分析，对“创造性毁灭”的内涵进行三个层面的界定。其次，结合“创造性毁灭”与企业家精神的相关研究基础，将“创造性毁灭”视为对新时代中国经济创新发展极具积极和进步意义的企业家精神内核。再次，根据“创造性毁灭”的内涵及其与企业家精神的关系，将企业家精神的构成维度最终确定为“创新”与“冒险”。事实上，这一相关界定为本书后续章节开展的规范研究与实证研究均奠定了基础。

第二章以技术进步视角分析了“创造性毁灭”活动与我国经济增长之间的关系。为了将“创造性毁灭”内涵进一步具象化，突出它对我们经济增长与高质量发展的深刻意义，本章节讲“创造性毁灭活动”对我国经济增长的作用作为研究的重点。首先，诠释了要素驱动与创新驱动经济增长模式的机理与特征；进而剖析了我国自改革开放以来经济高速增长的“要素驱动”模式运转特征：该种模式虽然以劳动要素的无限供给为主要驱动力，但是在其技术路径的选择方面却不完全凭借外引技术，而是在技术采纳中内含了“创造性毁灭”活动，即：进行了技术的本地化改造活动。其次，针对新时代——我国创新驱动经济增长模式逐步形成的历史阶段，“创造性毁灭”活动

① 在我国的传统文化中也不乏“创造性毁灭”的精神元素。处于结构的考虑，在本书的第一章里没有对此展开介绍，但是在本书的第五章里进行了详细介绍。

的表现以及作用进行论证和分析。

第三章以“创造性毁灭”的思路探索我国高校创新创业教育突破“范式陷阱”的路径。首先，在梳理当前高校创新创业教育发展与研究现状的基础上，总结分析了目前国内外高校的创新创业教育范式、我国高校创业教育在激发大学生创新创业动机方面所存在的问题、创新创业教育的“范式陷阱”现状及其原因。并通过分析提出，高校若想彻底改变他们目前创新创业教育的低效现状，必须以“创造性毁灭”的思路从根本上解决问题；具体方案是：高校可借鉴新制度经济学的研究成果以契约化思路构建大学生的创新创业激励机制。高校可在激励机制构建思想的指导下，重新反思高校创新创业教育低效的症结所在，进而作出彻底的改进措施——按照激励理论的指引以重设和再造新的教育模式。同时考虑到高校大学生的现实条件以及社会需求多元化的特征，高校可以鼓励大学生创办中小企业作为构建上述激励机制的突破口和着眼点。

第四章以实证分析的方法探讨了高校在其创新创业教育中如何培养“创造性毁灭”企业家精神的问题。本章节的研究首先以第一章内容为研的基础：将“创造性毁灭”视为对新时代我国企业家精神的内核，进而将企业家精神的构成维度确定为创新与冒险；其次，本章节参考国际通行的施瓦茨价值观量表，使用实地调研数据，并采用结构方程模型的研究方法进行实证分析。在分析中，参考成熟的 VAB（价值观—态度—行为）理论，研究价值观—创业态度—创业意向（行为）之间存在层级因果关系的存在及其应用的可行性；最后，根据实证研究的结果，基于价值观—创业态度—创业意向之间所存在的层级（逐级因果）关系，认为高校大学生创业意向的提升具有规律性——存在着两种自动提升机制，而且启动自动机制的引擎在于大学生的价值观教育，即进行与“创造性毁灭”企业家精神相关的价值观教育。该自动机制是建立价值观（VALUE）—态度（ATTITUDE）—意向（INTENTION）之间层级关系的基础之上，被称为我国高校关于大学生企业家精神培育的 VAI 自动机制。

尤其值得一提的是，第三章讨论的基于契约理论构建的创新激励机制，与第四章所讨论的关于高校大学生企业家精神培育的 VAI 自动机制之间是相关联系和相互补充的。一方面，在 VAI 自动机制中大学生关于企业家精神的价值观基础一旦塑造起来，就能有效促进激励机制中“激励因素”的形成；而该因素进而会增强大学生参与创新创业的总效用、强化激励的效果，从而更好地润滑高校的创新创业激励机制的整体运转；另一方面，创新创业激励机制形成有利于大学生创业态度改善与创业意向的提升，进而增强了 VAI 自动机制运转的效率。

第五章分析我国传统文化中的“创造性毁灭”基因及其在创新创业教育中的应用问题。本章节重点探讨如何借助传统文化所具有的凝聚力和向心力来培育大学生的“创造性毁灭”企业家精神。首先，链接我国传统优秀文化与“创造性毁灭”的企业家精神以形成一种符合新时代要求的新儒商文化，其中“创造性毁灭”的企业家精神在新儒商文化中被置于核心的位置，相应地创新精神与冒险精神构成新儒商精神培养的重点内容；其次，基于新儒商文化的视角从四个方面培育大学生的企业家精神：以优秀传统文化中的思想内容充实高校大学生的价值观体系；以古今文化中的商贾创新创业的典范案例完善高校的创新创业教育内容体系构建；借助传统文化元素营造与“新儒商”精神培养相契合的校园文化氛围；通过创新创业教育使大学生具备与新儒商文化自信相匹配的创新创业能力。最后，提出“新儒商”培养视角下大学生创新创业教育的多元化教学策略，具体包括借鉴传统文化的教育方法来提高大学生创新创业教育的有效性，提倡以“音乐与啤酒”体验式教学法启发大学生的创新创业兴趣，以及在创新创业教育课程的授课中建议多采用“角色扮演”案例教学法等。

总之，在新时代，我国创新型国家的建设迫切需要培育具备“创造性毁灭”精神的企业家阶层，因为这一阶层在民族复兴、中国梦的实现中均负有重要的历史责任。但是必须看到，企业家精神的培养实质上是个复杂的系统工程，它需要高校内外乃至整个社会的共同努力。但是，其中高校的创新创业教育是最为重要和关键的环节，因为它面对的是最具备创新活力与创业潜力的群体，而培育这一群体的创新价值观与强烈的创业意向自然成为高校创新创业教育的关键任务。

三、 本书的创新点与不足之处

就目前国内外关于“创造性毁灭”的相关研究整体而言，国外的研究文献要远多于国内的；尤其在国内将“创造性毁灭”问题置于新时代背景下的相关研究成果更少，更不用说，新时代关于“创造性毁灭”如何应用到高校创新创业教育领域的研究文献了①。与此同时，国内的相关研究还存在一个问题：关于大学生企业家精神培养的文献成果多以规范研究为主，少有实证研究。基于此，本书尝试针对上述问题做出突破，除在学术思想和研究方法上有一定可取之处外，创新点还具体在以下几个方面：

（一）构建关于“创造性毁灭”问题的理论研究序列。在本书中，关于该问题的相关研究范围包括概念的起源、概念的提出、相关理论体系的后续发展及其应用。本书尝试为后续研究者建立起较完整的、研究“创造性毁灭”问题的文献序列，以期提供有益的借鉴作用。

（二）提供关于“创造性毁灭”活动影响我国经济增长（发展）机理与作用的分析方法。在本书的第二章，以技术进步效应作为衡量“创造性毁灭”活动对我国经济增长作用的指标，具体分析“创造性毁灭”活动在我国两种不同驱动力经济模式下所具有的不同表现、地位与作用。

（三）提供一种突破高校创新创业教育“范式陷阱”的“创造性毁灭”思路。在本书的第三章，尝试以“创造性毁灭”的思路引导高校彻底打破现有教育范式的禁锢作用，借鉴新制度经济学的研究成果重建大学生创新创业激励机制，并针对高校如何提高创新创业教育的有效性提出了具体的构建方法。

（四）提出高校基于VBI自动机制原理构建大学生企业家精神培养路径

① 在本书的第一章将涉及“创造性毁灭”的国内外相关研究。

的建议。VBI 自动机制系关于大学生企业家精神培养的一种规律，该规律以大学生价值观—创业态度—创业意向之间所存在的因果层级关系为基础。本书所论证的 VBI 自动机制以及大学生创新创业激励机制共同构成高校关于培养大学生企业家精神路径的“双机制”。

必须要指出的是，尽管存在上述多个创新之处，但是囿于研究视野与研究水平，本书尚存在不少不足之处或有待于进一步研究的地方。例如，对新时代背景下“创造性毁灭”理论内涵阐释不够深刻。准确地说，“创造性毁灭”与五大发展理念（创新、协调、绿色、开放、共享）中的创新发展理念类似，但书中对它与其他发展理念之间的关系并没有进一步展开；全书整体内容结构的一体化程度仍存在缺陷，存在个别章节内容还较为孤立的情况；高校关于大学生“创造性毁灭”企业家精神培养的方案仍不够完整、方法仍不够具体等等，如针对相关路径的构建思路，尤其是关于高校以契约化视角重构大学生创新创业激励机制的思想仍然有不成熟之嫌，缺乏对高校科技与产业化前景的延展，一些观点尚存在可商榷之处。本研究的目的之一便是抛砖引玉。

四、 本书所涉及的任务分工

本书是教育部重点课题——“高校创新创业教育范式陷阱及突破路径研究”的部分研究成果。该课题组的全体成员对本书的完成均做出了自己的贡献。针对研究任务的具体分工简单介绍如下：

课题组成员程敏，主要协助课题组负责人李玉梅做好文献的搜集与梳理工作，尤其是对近年来的相关研究基础进行整理，包括高校的创新创业教育理论、激励理论、VAB（价值观—态度—行为）理论以及国内外的教育范式类型提炼等等；她同时协助完成了国内外高校创新创业的案例收集和分析工作。

课题组成员公维凤，主要协助课题组负责人李玉梅做好计量分析工作，具体包括实地调研数据的分析与处理、结构方程模型的构建以及 AMOS 软件运行结果相关的检验与识别等等。

课题组成员王民，主要负责组织与调度实地调研人员，以使他们按质按量地完成数据的采集工作；他同时以其丰富的教育管理经验，针对高校创业创新教育框架下如何构建激励大学生创新创业的政策内容提出了可行性建议。

课题组成员扈庆学（扈鲁），以其传统文化研究专家与教育专家的身份开展工作，具体体现在对我国传统文化中的“创造性毁灭”基因及其应用问题提供了大量的素材以及相关的可行性建议。

课题组成员公为礼、秦玉宝，他们本身系企业高级管理人员，同时为校企合作中的企业方，具有多年创业教育授课和指导商业计划书经验的优势。因此在课题的实施过程中他们一直为项目的整体执行献计献策，同时还充分利用他们的人脉资源为课题组外出调研工作提供各种便利条件。

此外，李玉梅的学生田越，以及所带领的本科生团队如期完成了实地调研工作，顺利完成了关于大学生基础价值观、创业态度以及创业意向的相关数据采集工作，并在后期的数据整理方面做了大量工作。事实上，他们所承担大学生创新创业项目（201710446056）（田越为其中的负责人）成为本研究课题的一个子课题。

本书的另一重要作者——常晔，她不仅参与了中国传统文化与儒商文化的资料收集、整理与分析工作，而且参与了第五章文稿内容的撰写工作。

值此文稿出版之际，特别要感谢李玉梅的家人——公为礼与公平。他们在该书的写作过程中提供了大量精神的鼓励以及物质的支持。其中公平同学还参与了本书中的核心章节——“‘创造性毁灭’企业家精神的高校培养路径研究”的文稿组织与撰写工作。

由于作者水平有限，加之时间仓促，书中难免有不当之处。在此敬请各位读者批评指正。

第一章 “创造性毁灭”思想内涵以及构成维度

“创造性毁灭”（reative Destruction）① 的原始理念为：新事物诞生于旧事物毁灭之际。该“理念的渊源可追溯至古埃及人关于不死鸟——菲尼克斯的神话。传说菲尼克斯为旭日象征，以500百年为一生命轮回，在濒临死亡之际自造火场、点燃火堆，扑火后化为灰烬之后却又从火堆中重生”②。我国诗人郭沫若曾在《凤凰涅槃》一诗中详细描述过同样的情景。

很多人认为，“创造性毁灭”概念是由约瑟夫·熊彼得最早于1942年提出的。事实上不然，维尔纳·桑巴特，早在1913年出版的《战争与资本主义》一书中就写有“在毁灭中一种新的创造精神得以产生”（from destruction a new spirit of creation arises）的说辞③，因此在一定意义上，他应该是“创造性毁灭”理念的最早提出者。即便如此，国外有不少学者同意“无论是维尔纳·桑巴特还是约瑟夫·熊彼得，他们关于‘创造性毁灭’的思想源头均为马克思主义学说”④。其中，世界著名的技术创新专家弗里曼（C. Freeman）就持有与上述学者类似的观点。当他在《新帕尔格雷夫经济学大辞典》中解

① 也译作“创造性破坏”。

② Reinert, Hugo; Reinert, Erik S. (2006). " Creative Destruction in Economics: Nietzsche, Sombart, Schumpeter". Chapter 4 of *Friedrich Nietzsche* (1844 - 1900) [M]. New York: Springer Science & Business Media, LLC: 58.

③ Sombart, W. (1913). Krieg und Kapitalismus (War and Capitalism) (https://books.google.com/books [M]. Leipzig: Duncker & Humblot: 207.

④ https://en.wikipedia.org/wiki/Creative_ destruction: 2.

释“创新”这个词条时，一开始就旗帜鲜明地指出：“马克思（1848 年[①]）恐怕领先于其他任何一位经济学家把技术创新看作为经济发展与竞争的推动力。”[②]

基于上述观点，本书在对“创造性毁灭”进行文献综述时，首先阐述马克思关于“创造性毁灭”的思想，其次总结维尔纳·桑巴特与约瑟夫·熊彼得对“创造性毁灭”概念的贡献与发展，再次介绍菲利普·阿吉翁与彼得·霍伊特关于“创造性毁灭”的数理模型，最后梳理了“创造性毁灭”思想的发展以及应用的现状。在上述文献资料的基础上，本书厘定了“创造性毁灭”的概念内涵，分析了“创造性毁灭”与企业家精神之间的关系，并进一步界定了“创造性毁灭”企业家精神的构成维度。

一、关于“创造性毁灭”的理论与文献综述

（一）马克思关于“创造性毁灭”的思想

马克思虽然并没有在其著作中明确地提出“创造性毁灭”的概念，但是他的“创造性毁灭”思想广泛地体现在《共产党宣言》《政治经济学批判概论》以及《资本论》等各种文献资料之中。他毫无疑问地成为这一理论体系的先行者与开创者。

1.《共产党宣言》[③]中的“创造性毁灭”思想

马克思关于“创造性毁灭”的思想首先体现在1848 年与恩格斯共同发表的《共产党宣言》之中。在《共产党宣言》中，马克思和恩格斯在针对资本主义社会危机的产生机理、趋势和结果进行阐释时，表达出“创造性毁灭”的思想[④]：

---

① 1848 年是《共产党宣言》发表的年份。关于“创造性毁灭”思想的提出时间可追溯到1848 年。

② 洪银兴. 中国特色社会主义政治经济学范畴与《资本论》原理的内在联系——以创新发展理念的理论溯源为例［J］. 当代经济研究，2017（12）：25.

③ 在本书中，中文版《共产党宣言》节选内容来自中央编译出版社；英文版引文来自 Marx，Karl；Engels，Friedrich（2002）［1848］. The Communist Manifesto（https：//books. google. com/books? id = CY3b 0mcDF9QC）. Moore，Samuel（trans. 1888）. Harmondsworth，UK：Penguin：226.

④ 文中的字体加深部分为与“创造性毁灭”思想相关的重点内容，本书特将其英文原文在脚注中列出，以便于读者加深理解。下同。

"资产阶级的生产关系和交换关系，资产阶级的所有制关系，这个曾经仿佛用法术创造了如此庞大的生产资料和交换手段的现代资产阶级社会，现在像一个魔法师一样不能再支配自己用法术呼唤出来的魔鬼了。几十年来的工业和商业的历史，只不过是现代生产力反抗现代生产关系、反抗作为资产阶级及其统治的存在条件的所有制关系的历史。**只要指出在周期性的重复中越来越危及整个资产阶级社会生存的商业危机就够了。在商业危机期间，总是不仅有很大一部分制成的产品被毁灭掉，而且有很大一部分已经造成的生产力被毁灭掉。**① 在危机期间，发生一种在过去一切时代看来都好像是荒唐现象的社会瘟疫，即生产过剩的瘟疫。社会突然发现自己回到了一时的野蛮状态；仿佛是一次饥荒、一场普遍的毁灭性战争，使社会失去了全部生活资料；仿佛是工业和商业全被毁灭了，——这是什么缘故呢？因为社会上文明过度，生活资料太多，工业和商业太发达。社会所拥有的生产力已经不能再促进资产阶级文明和资产阶级所有制关系的发展；相反，生产力已经强大到这种关系所不能适应的地步，它已经受到这种关系的阻碍；而它一着手克服这种障碍，就使整个资产阶级社会陷入混乱，就使资产阶级所有制的存在受到威胁。资产阶级的关系已经太狭窄了，再容纳不了它本身所造成的财富了。**资产阶级用什么办法来克服这种危机呢？一方面不得不消灭大量生产力，另一方面夺取新的市场，更加彻底地利用旧的市场。"**②

2.《政治经济学批判概论》中的"创造性毁灭"思想③

1857 年，马克思在其所著的《政治经济学批判概论》中进一步揭示了在

---

① 字体加深部分的英文原文为："It is enough to mention the commercial crises that by their periodical return put the existence of the whole of bourgeois society on trial, each time more threateningly. In these crises, a great part not only of existing production, but also of previously created productive are periodically destroyed."

② 字体加深部分的英文原文为："And how does the bourgeoisie get over these crises On the one hand by enforced destruction of a mass of productive forces; on the other, by the conquest of new markets, and by the more thorough exploitation of the old ones. That is to say, by paving the way for more extensive and more destructive crises, and by diminishing the means whereby crises are prevented."

③ Marx, Karl (1993) [1857]. Grundrisse: Foundations of the Critique of Political Economy (rough draft) (https://books. google. com/books? id = bDyemaqiZjUC). Nicolaus, Martin (trans. 1973). Harmondsworth, UK: Penguin. p. 750. ISBN 0 - 14 - 044575 - 7. Retrieved 2010 - 11 - 07.

资本主义社会内部矛盾中具有创造性与毁灭性共存的逻辑。他指出：**“这些矛盾导致了爆炸、灾难、危机，其中……暂时停工和大量资本的湮灭，使它重新回到了能够完全利用其生产能力而不至于自杀的地步。”**①

3.《资本论》中的“创造性毁灭”思想②

马克思在《资本论》中通过多处文句体现出“创造性毁灭”的思想。首先，他在阐述剩余价值原理时，详细论证了“毁灭”对创造性的作用及其过程：**“交换价值的破坏与使用价值的保存，为新的资本投资提供了明显的机会……通过危机摧毁资本意味着价值贬值，会阻止他们在相同资本规模上开始他们的再生产过程。这是商品价格下跌的破坏性影响。它不会造成任何使用价值的破坏。其间有人失去，有人获得。作为资本的价值被阻止再次作为同一个人手中的资本。旧资本家破产了……社会的一大部分名义资本，即现有资本的交换价值，彻底被毁灭，尽管并不影响使用价值，但可极大地加速了新的再生产（过程)。这也是货币利益以工业利益为代价充实自己的时期。”**③

其次，他还论及“旧的机器、工具、器具等等就为效率更高的、从功效来说更便宜的机器、工具和器具等等所代替。撇开现有的劳动力资料在细节

---

① 字体加深部分的英文原文为："These contradictions lead to explosions, cataclysms, crises, in which ... momentaneous suspension of labor and annihilation of a great portion of capital ... violently lead it back to the point where it is enabled [to go on] fully employing its productive powers without committing suicide."

② Marx, Karl (1969) [1863]. Theories of Surplus - Value: " Volume IV" of Capital (https://books.google.com/books?id=s U23AAAAIAAJ). London: Lawrence & Wishart: 495 - 96.（英文版文献来源）

③ 字体加深部分的英文原文为：“The destruction of exchange value combined with the preservation of use value presents clear opportunities for new capital investment··· the destruction of capital through crises means the depreciation of values which prevents them from later renewing their reproduction process as capital on the same scale. This is the ruinous effect of the fall in the prices of commodities. It does not cause the destruction of any use - values. What one loses, the other gains. Values used as capital are prevented from acting again as capital in the hands of the same person. The old capitalists go bankrupt. [...] A large part of the nominal capital of the society, i. e., of the exchange - value of the existing capital, is once for all destroyed, although this very destruction, since it does not affect the use - value, may very much expedite the new reproduction. This is also the period during which moneyed interest enriches itself at the cost of industrial interest.” 因为该段英文原文中多次出现“destruction”单词，系与“creative destrcuction”释义密切相关，特在此列出。

上的不断改进不说，旧的资本也会以生产效率更高的形式再生产出来”①。以及“但是，随着时间的推移，旧资本总有一天也会从头到尾地更新，会脱皮，并且同样会以技术上更加完善的形态再生出来，在这种形态下，用较少量的劳动就足以推动较多量的机器和原料……”②。上述论述充分地表达出“创造性毁灭”思想的精髓所在。

4.《马克思恩格斯文集》中的“创造性毁灭”思想

在《马克思恩格斯文集》中，马克思充分表达了“创造性毁灭”活动对整个国民经济部门所产生的积极的联动效应：“一个工业部门生产方式的变革，会引起其他部门生产方式的变革。这首先涉及因社会分工而孤立起来以致各自生产独立的 商品、但又作为一个总过程的各阶段而紧密联系在一起的那些工业部门。”③不仅如此，马克思还指出，上述变革会导致“交通运输手段的革命成为必要”，以及“交通运输业是逐渐地靠内河轮船、铁路、远洋轮船和电报的体系而适应了大工业的生产方式”。④ 借助上述论点，马克思进一步说明了“创造性毁灭”活动对一国经济整体发展的重要意义。

总之，由上述内容可知，马克思在其多部著作中近乎完整地诠释了“创造性毁灭”的内涵，它们对后续学者们系统地提出关于“创造性毁灭”的概念所起的奠基作用是不言而喻的。

（二）维尔纳·桑巴特关于“创造性毁灭”的观点

维尔纳·桑巴特（Werner ·Sombart）是与马克斯·韦伯同时代的杰出的社会学家。如前文所述，他应该是明确提出“创造性毁灭”概念的第一人。在《战争与资本主义》一书中，桑巴特以欧洲木材短缺为背景和案例，诠释了“创造性”与“毁灭”的神奇伴生关系。他在书中具体写道：“创造的精神于毁灭中产生；木材的匮乏与日常急需……导致木材替代品的发现，用煤

---

① 马克思．资本论（第一卷）[M]．北京：人民出版社，2004：698.
② 马克思．资本论（第一卷）[M]．北京：人民出版社，2004：724.
③ 马克思恩格斯全集（ 第 5 卷）[M]．北京：人民出版社，2009：440.
④ 马克思恩格斯全集（第 5 卷）[M]．北京：人民出版社，2009：441.

炭加热，用焦炭生产铁器。然而，这些事件却导致19世纪资本主义获得巨大发展。”①

由此可见，桑巴特不仅在书中明确地提到了“创造”以及“毁灭”字眼，而且还肯定地指出“创造性毁灭”实乃资本主义获得发展的原因。

（三）约瑟夫·熊彼得关于“创造性毁灭”的观点

尽管关于维尔纳·桑巴特最早提出了“创造性毁灭”概念的观点已通过文献资料在学术史中初步得到了证实，但是学术界普遍承认，较系统而完整提出“创造性毁灭”理论，并且将之与企业家以及企业家精神密切联系起来的学者是约瑟夫·熊彼得。

在一些人的研究成果中认定，熊彼得是在提出创新理论的《经济发展理论》（1911）一书中，同时提出“创造性毁灭”观点的，其实不然。熊彼得在1942年初次出版的《资本主义，社会主义与民主》② 一书中完整提出这一概念的。在书中，他首先详实地介绍与评价了马克思的系列伟大思想，并将马克思定位为先知、社会学家、经济学家和导师；随后他在马克思思想的基础上完整地提出了“创造性毁灭”概念，并且借助这一概念的深蕴内涵进一步完善了他的整个创新理论体系。在书中，熊彼得指出，**“劳工预算的内容，从1760到1940，不是简单地在不变而是经历了质变的过程。同样，一个典型农场的生产设备经历了从作物轮作合理化、耕耘到现代机械化—与电梯和铁路匹配的演变历史。这就是生产设备的发展史，钢铁工业经历了从木炭炉到我们自己（生产的独特）类型的熔炉，或者能源从超调水轮到现代发电厂，或者运输从邮车发展到飞机。国内外新市场的开放，而且组织发展经历了类似的工业突变过程，从工艺品商店到美国钢铁业——用生物术语讲——就是经济内部结构（所发生）的不间断的革新，（体现为）不断地破坏旧的与创**

① Sombart, W. (1913). Krieg und Kapitalismus (https://books. google. com/books . Leipzig: Duncker & Humblot: 207.

② Joseph A. Schumpeter. Capitalism, Socialism and Democracy. New York: Taylor & Francis e – Library, 2003: 83.

造新的。这种创造性毁灭的过程是资本主义的基本事实”①。

由上述描述可以看出，熊彼得不仅完整地提出“创造性毁灭”（Creative Destruction）这一名称，而且详细剖析了资本主义社会工业的创造与创新过程机理，同时还进一步揭示了资本主义产业的“创造性毁灭”的演化进程，即资本主义社会发展的进程。显而易见，与维尔纳·桑巴特的寥寥数语相比，熊彼得关于“创造性毁灭”理论的诠释更加翔实和完整，对其深远意义的解释也更加令人信服。这可能是被不少学者误认为他是“创造性毁灭”概念最早提出者的主要原因。

与此同时，熊彼得还在该书第二部分，第七章“创造性毁灭的进程”以及第十二章“摇摇欲坠的墙”中，② 非常详尽地回答了“资本主义能否存活下去”的问题，尤其将企业家的作用、“创造性毁灭”与资本主义社会的发展存亡紧密地联系起来。熊彼得指出，企业家的作用是利用发明创造生产新商品，用新方式生产旧商品以革新生产模式，开辟新的原料供应来源或新的产品销售渠道，以及实施产业重组等等。从中可以得知，熊彼得所描述的企业家作用正好表达了他所强调的在“创造性毁灭”过程中企业家在创新活动中的主导作用。但是针对这一作用，熊彼得同时指出，它本质上并不包括（企业家本人亲自）发明创造，而是主要体现为将上述“事情做起来”（get-

---

① 字体加深部分的英文原文为：“the contents of the laborer’s budget, say from 1760 to 1940, did not simply grow on unchanging lines but they underwent a process of qualitative change. Similarly, the history of the productive apparatus of a typical farm, from the beginnings of the rationalization of crop rotation, plowing and fattening to the mechanized thing of today—linking up with elevators and railroads—is a history of revolutions. So is the history of the productive apparatus of the iron and steel industry from the charcoal furnace to our own type of furnace, or the history of the apparatus of power production from the overshot water wheel to the modern power plant, or the history of transportation from the mailcoach to the airplane. The opening up of new markets, foreign or domestic, and the organizational development from the craft shop and factory to such concerns as U. S. Steel illustrate the same process of industrial mutation—if I may use that biological term—that incessantly revolutionizes the economic structure from within, incessantly destroying the old one, incessantly creating a new one. This process of Creative Destruction is the essential fact about capitalism.”

② 原文为：Chapter VII the process of creative destruction, P81 – 86; Chapter XII crumbling wall: 131 – 142.

ting things done)。换言之，企业家更多的是以“创造性毁灭”活动的组织者或管理者的身份出现。

(四) 阿吉翁与霍伊特关于“创造性毁灭”的数理模型分析

菲利普·阿吉翁和彼得·霍伊特（Aghion and Howitt）是“创造性毁灭”理论的杰出推广者，他们（1988，1992a）① 将熊彼得的“创造性毁灭”理论结合数理计量的思想用模型的方式系统地表达出来。在模型中，他们针对“创造性毁灭”的核心——新技术的产生会让旧的技术成为过时和被淘汰的技术，进行经济学意义上的诠释，认为创新行为虽然会为将来使用新技术的企业带来超额垄断利润，但是会给依赖现有技术进行生产的企业带来负的外部效应。接下来，将阿吉翁与霍伊特关于“创造性毁灭”的基本模型体系进行简单的介绍。

在模型中，阿吉翁与霍伊特将生产函数设定为：

$$y = Ax^{a} \tag{1.1}$$

其中 A 表示技术参数;a 的取值大于 0 而小于 1;x 表示生产要素 —— 劳动力的数量。在此假设每个劳动力生产一种中间品，所以 x 也表示为生产最终产品(消费品)而投入的中间品数量;

同时，他们还假设，劳动力分配函数为：

$$L = x + n \tag{1.2}$$

其中 L 代表总的劳动力量，x 表示制造中间品的劳动力数量，n 则表示研发人员数量。

在模型中，创新的结果一方面表现为一种新的中间品产生，另一方面也意味着一种旧的中间品被淘汰。创新活动中的“创造性毁灭”效应具体表现在创新成果具有知识的正外部性的同时(体现为知识的溢出效应)，也会给创新前的技术产品带来被“抢走市场份额”的效应。同时，创新活动具有一定的风险，

① 菲利普·阿吉翁，彼得·霍伊特. 内生增长理论［M］. 陶然，等译. 北京：北京大学出版社，2004：49—73.

其中能否研发成功的概率由一个抵达率的泊松分布所决定的。进一步,他们将综合评估个体从事“创造性毁灭”活动所带来的价值表示为:

$$rV_{t+1} = \pi_{t+1}\text{-}\lambda n_{t+1} V_{t+1} \tag{1.3}$$

其中 r 为时间偏好率,rV_{t+1} 为创新成果所带来的预期收益;π_{t+1} 为创新成果所带来的利润,λn_{t+1} 表示该创新成果被更新的成果所替代的流概率。由公式 1.3 所表达出的含义为:个体从事“创造性毁灭”活动所产生的预期收益,等于其因创新而获得的垄断利润减去将被替代时预期资本损失的余值。

通过上述模型,阿吉翁与霍伊特事实上提供了一种如何来测量“创造性毁灭”效应的方法,该方法有一定的理论借鉴意义。但是由于上述模型在实际操作中有一定难度,国内学者们在针对“创造性毁灭”对经济增长所产生的宏观效应进行度量时往往另辟蹊径。如鄢亚晨与黄阳华(2012)① 通过建立非线性动态面板数据模型并利用 GMM 方法估计了汇率制度灵活度与经济增长之间的非线性关系,并且借助数据以实证分析的结果验证了开放经济中熊彼得关于“创造性毁灭”的相关结论。本书作者将在下一章节(第三章)借助技术进步效应指标近似地表示“创造性毁灭”活动对我国经济增长的效应。

(五)关于“创造性毁灭”研究的新发展

自“创造性毁灭”理论提出之后,经过较长的理论沉淀期以及实践检验期,国外国内先后出现了大量的、基于不同研究目的与研究重点的相关研究。

1.“熊彼得式”的理论拓展与应用研究

多数研究基于熊彼得的相关理论体系展开,其关注点或在“创造性毁灭”的过程、机理、影响因素,或在其与经济周期变迁、宏观经济增长之间的关系,可谓“熊彼特式”的理论拓展与应用。

苏赛克斯大学的科学政策学派继承发展了熊彼得的创新思想,并且致力

① 鄢亚晨,黄阳华. 开放经济中熊彼特经济发展假说的拓展与经验证据[J]. 数量经济技术经济研究,2012(9):82.

于对“创造性毁灭”过程的探究，尤其针对新技术产生对现存生产制度及其所属行业所带来的冲击。随后的 Chris Freeman（2001）和 Carlota Perez（2003）① 在上述研究领域颇有建树。Peter Thompson（2000）② 通过构建“创造性毁灭”模型研究经济增长问题，其模型属性为包含研发效率高不确定性的经济增长质量梯级模型。在研究中，他以“为前沿技术设计合适技术政策更为困难”为研究前提，结果发现：技术落后国从先进国家收集到信息为开发特定产品提供了嘈杂的信号（该信号影响经济增长率和技术政策），所以导致相关政策设计更加容易。Allen Kaufman，Christopher L Tucci 与 Mark Brumer（2003）③ 将供应链资源的依赖因素引入对“创造性毁灭”问题的研究。他们通过构建一个关于供应链创新的矩阵，将分析焦点从重点公司转移到产业结构，通过区分由市场结构所引起的资源依赖和供应商在竞争市场中对客户过度依赖的不同，重点关注整个供应链的市场结构在确定商业和军事市场的创新时机和采纳方面所起的主要调节变量作用。他们最终提出将研究成果应用于商业和军事供应链的建议。Raouf Boucekkine 与 Blanca Martinez（2003）④ 采用了一个简单扩张的典型“创造性破坏”模型进行分析技术替代——采纳政策的最优化特征。他们在研究中发现，支持技术采纳成本最高的国家是那些商业和就业波动最长、最剧烈以及收敛速度最低的国家。此外，他们还发现，随着劳动力在劳动力市场中的地位减弱，上述波动反而更加明

---

① Chris Freeman, Francisco Louça. As Time Goes by: From the Industrial Revolutions to the Information Revolution (Oxford, Oxford University Press, 2001). Carlota Perez, Technological Revolutions and Financial Capital. The Dynamics of Bubbles and Golden Ages, (Cheltenham Glos, Edward Elgar, 2003).

② Peter Thompson. Learning from the experience of others: Parameter uncertainty and economic growth in a model of creative destruction [J]. Journal of Economic Dynamics and Control, 2000, 24 (9).

③ Allen Kaufman, Christopher L Tucci, Mark Brumer. Can creative destruction be destroyed? Military IR&D and destruction along the value - added chain [J]. Research Policy, 2003, 32 (9).

④ Raouf Boucekkine, Blanca Martinez. Replacement, adoption and economic dynamics: lessons from a canonical creative destruction model [J]. Structural Change and Economic Dynamics, 2003, 14 (3).

显。Gianfranco Giulioni（2009）[①] 研究了新产品对宏观经济整体所产生的“创造性毁灭”效应问题。他通过建构宏观经济模型，全面评估因产品创新的出现导致总体经济活动最终减少的机制的存在情况；他认为，在上述情境下，“创造性破坏”的效应具体表现为生产旧产品的企业由于市场需求不足而不得不退出市场时所遭受的资源损失。Kerk L. Phillips 和 Jeff Wrase（2013）[②] 则研究了“创造性毁灭”过程能否产生内生、现实的商业周期问题。他们通过将“熊彼特式的增长”合并到其他标准的真实商业周期（RBC）的模型中，来研究增长与商业周期之间所存在的联系；并进而通过对上述模型求解，以生成人工时间序列，然后再将这些时间序列的统计特性与其历史对应序列进行比较（期间并不依赖于任何特定的过滤方法）。Clare J. A. Mitchell（2013）[③]进一步将“创造性毁灭”的研究触角延伸到农村空间流动性及其活力激发领域。在文中，他描述了一种“创造性毁灭”情境：在农村一些特定地区，由于利益相关者借助不断创新来吸引追求快乐的消费者，导致他们的日常活动已经让位于娱乐文化产业。Clare 却认为，上述进程并不适用于所有农村社区进行功能性改变。同时，他以“创造性增强”的概念来解释，非大都市空间正在经历的多样化演变轨迹，并且提出“乡村景观可以实现从以生产者为基础状态转变为到潜在多功能状态”的建议。Daniele Archibugi（2015）[④] 通过研究指出，伴随着“创造性毁灭”活动的新经济复苏发生，切实对一些关键技术机会的持续性存在提出迫切要求。Adriaan Van Zon 与 Roberto Antonietti（2016）[⑤] 通过构建内生增长模型，详细分析了“创

---

① Gianfranco Giulioni. Endogenous recessions: The creative destruction effect of final product novelty [J]. Economic Modelling, 2009, 27 (2).

② Kerk L. Phillips, Jeff Wrase. Is Schumpeterian ‘creative destruction’ a plausible source of endogenous real business cycle shocks [J]. Journal of Economic Dynamics and Control, 2005, 30 (11).

③ Clare J. A. Mitchell. Creative destruction or creative enhancement Understanding the transformation of rural spaces [J]. Journal of Rural Studies, 2013, 32.

④ Daniele Archibugi. Blade Runner Economics: Will Innovation Lead the Economic Recovery? (http: //papers. ssrn. co m/sol3/papers. cfm? abstract_ id =2557335), SSRN Papers 2015.

⑤ Adriaan Van Zon, Roberto Antonietti. Education and training in a model of endogenous growth with creative wear – and – tear [J]. Economia Politica, 2016, Vol. 33 (1): 35 –62.

造性毁灭”背景下技术、教育与培训三者之间的现存关系。他们在研究中发现，新技术的更快到来会导致私人知识组合转向了一般人力资本，从而更不容易受到“创造性破坏”的影响。

相对于国外相关文献风起云涌的现状，国内学术界对“创造性毁灭”的研究成果并不多，且表现出层次良莠不齐的特征。国内学者于同申（2006）① 研究了“创造性毁灭”与网络经济条件下的自主科技创新问题。在文中，他从技术进步的视角诠释了对熊彼得“创造性毁灭”的理解，且认为网络经济条件下技术创新会加快旧技术的淘汰过程，从而原有旧技术会成为技术发展的固定负荷。梁运文（2009）② 则选择竞争优势转化的视角来分析“创造性毁灭”的机制机理。他研究提出决定目前中国经济进一步增长的根本驱动力，在于中国工业竞争力的“创造性毁灭”活动。他在文中针对基于比较优势经济发展战略的中国工业竞争力“创造性毁灭”机制、基于后发优势经济发展战略的中国工业竞争力“创造性毁灭”机制、基于竞争优势的中国工业竞争力“创造性毁灭”机制、基于比较优势和竞争优势整合的中国工业竞争力“创造性毁灭”机制以及基于动态企业理论的中国工业竞争力“创造性毁灭”机制等五种机制做出详细的理论解释。此外，梁运文（2008）③ 在之前发表的另一篇类似主旨的文章中，构建了与企业家精神相关的战略演化以及产业竞争力变迁模型，并尝试对其中的传导机理做出逻辑诠释。张秀艳与张嵩（2014）④ 重新审视了熊彼得的创新理论体系，且对阿吉翁与霍伊特提出的“创造性毁灭”模型进行了扩展研究，尤其是将创业纳入模型研究，并得出创业是知识过滤的导体、也是促进知识溢出和经济增长的重要因素的结论。

---

① 于同申．“创造性毁灭”和网络经济条件下的自主科技创新［J］．中国工业经济，2006（05）：64—71．

② 梁运文．企业战略平滑化演化与中国工业竞争力“创造性毁灭”［J］．广西大学学报（哲学社会科学版），2009，31（05）：1—7．

③ 梁运文．企业家精神、战略演化与中国工业竞争力的“创造性毁灭”［J］．经济问题探索，2008（07）：72—77．

④ 张秀艳，张嵩．创业、知识过滤与毁灭性创新——基于 Aghion&Howitt 毁灭性创新模型的扩展研究［J］．吉林大学社会科学学报，2014，54（04）：66—74，173．

李西子（2012）[①] 针对熊彼得在《资本主义、社会主义与民主》一文中所提出的三个问题结合中国现实问题进行解答，其中在谈及“资本主义能否存活下去”问题时，他（她）对熊彼得所提出的“创造性毁灭”概念按照自己的理解做出了解释，认为“创造性毁灭”是经济结构内部革命化的过程。吴静（2018）[②] 运用了内生增长模型来研究环境规制对工业所发挥的积极影响，并将之视为一种“创造性毁灭”的作用。尤其值得一提的是，在国内关于高等教育与“创造性毁灭”的关系研究成果寥寥无几的情况下，申超（2014）[③] 研究了目前高等教育面临着“创造性毁灭”的局面。他进一步分析指出其中的三个原因：高校遭受鲍莫尔成本病的困扰，就业市场自动化技术应用推动就业需求变化以及颠覆性网络技术应用所带来的慕课等网上公开课的盛行。

综上，基于“创造性毁灭”的神话传说历史渊源、马克思主义相关思想、桑巴特与熊彼得的理论观点以及阿吉翁和霍伊特的相关模型分析，并结合“创造性毁灭”研究的新成果，在此对“创造性毁灭”内涵做出以下厘定：

第一，“创造性”不能与“毁灭”割裂开来。创造性体现为毁灭的积极意义，虽然它并不是毁灭的唯一结果和必然结果，但是毁灭与创造性之间存在因果关系；

第二，在量变向质变转化的时刻，“毁灭”与“创造性”共存，从而使“创造性毁灭”成为一个有机的整体。就突破事物发展的瓶颈期而言，“毁灭”几乎是必需的过程；历经“毁灭”阶段的“创造性”往往是深刻的、彻底的，甚至是颠覆性的，正所谓“最黑的夜空才有最亮的星星”；

第三，“创造性毁灭”需要破釜沉舟的勇气、无所畏惧的担当以及革故鼎新的锐气，集中体现为一种进步的精神力量。首先，“毁灭”与否定需要非凡勇气以应对阻挠和多重心理压力，其次，“创造性”更需要精神活力、

---

① 李西子．由熊彼特的三个问题对中国现阶段的思考——读《资本主义、社会主义与民主》有感［J］．经济师，2012（1）：27—28.

② 吴静．环境规制能否促进工业“创造性破坏”——新熊彼特主义的理论视角［J］．财经科学，2018（5）：67—78.

③ 申超．高等教育：面临创造性毁灭［J］．英语文摘，2014（12）：51—54.

责任与担当；而“创造性毁灭”则表现为对两者的整合。

二、 关于 “创造性毁灭” 企业家精神的构成维度

（一）关于“创造性毁灭”企业家精神的研究基础

最早将“创造性毁灭”跟企业家精神联系起来的学者仍然是约瑟夫·熊彼得。他在《资本主义，社会主义与民主》一书中揭示了资本主义社会发展中的“创造性毁灭”机理的同时，还认为，企业家精神应该被视为社会经济进程的主要推动力。基于阶级的局限性，他没能从资本主义本身存在危机根源的角度来解释资本主义为什么会被社会主义所取代，但他坚持认为，资本主义会在进化过程中萎缩，其中的重要原因便是企业家作用及其社会地位的消失。那么，资本主义社会在发展中为什么会出现企业家作用废止的现象?针对其原因，熊彼得认为，资本主义社会具有向可预测性的以及自动化发展的趋势，这一趋势将把企业家的商业冒险的浪漫与经营天才的荣誉逐步地剥夺掉；与此同时他们所从事的企业管理工作将被转化为一般的行政管理工作；他们也将从有创新活力的企业家转化成为具有官僚特征的管理者。换言之，企业家精神的整体萎靡不振最终将导致资本主义社会最终走向消亡。

熊彼得之后的学者们在将“创造性毁灭”与企业家精神有效结合的路上越走越远。欧洲国家，以德国为代表，包括学术界在内的整个社会各界均沿袭着重视创新与企业家精神培养的历史文化传统，甚至“德国学者 Reinert（1997）认为自戈特弗里德·冯·莱布尼兹和克里斯蒂安·沃尔夫之后德国经济学的标准特征就是（强调）技术创新和企业家作用”①。

美国弗吉尼亚大学的学者 Andrea L. Larson（2000）② 从企业家精神的视角来研究经济体可持续创新的具体过程。按照他的观点，可持续创新就等同

---

① Reinert, Hugo; Reinert, Erik S. (2006). " Creative Destruction in Economics: Nietzsche, Sombart, Schumpeter". Chapter 4 of *Friedrich Nietzsche* (1844 – 1900) [M]. New York: Springer Science & Business Media, LLC: 58.

② Andrea L. Larson. Sustainable Innovation through an Entrepreneurship Lens. Business Strategy and the Environment, 2000 (9): 304 – 317.

于经济学家熊彼特所定义的“创造性毁灭”的力量，该种力量具体表现为企业和社会变革过程中的新兴与根本力量；它通过改变技术、产品和市场方面的潜力创造创业机会。同时，作者在文中通过一个关于初创虚拟公司如何实现产品和流程创新过程的案例，来分析如何将环境和可持续性考虑因素成功地纳入企业战略之中。

Nadide Sevil Tülüce 与 Asuman Koç Yurtkur（2015）① 则详细地评述了熊彼得的“创造性毁灭”理论体系。在文中，他们从经济学史的角度对战略企业家的概念进行总结以及批判性回顾，尤其关注了企业家阶层对经济增长发挥的作用，因此让读者能够更好地了解企业家精神与战略管理这两个学术领域的交叉地带成为他们的研究目的。

国内学者陈斌（2013）② 详细解读了马云卸任阿里巴巴集团总经理的案例。他分析“创造性破坏”与企业家精神之间的关系，认为唯有具有企业家精神的商人才能在市场中起到“创造性破坏”作用。

此外，从企业的微观视角研究创新或“创造性毁灭”问题的学者还包括陈佳美与任保平、甘海霞等。其中陈佳美 2013 年在《组织创新对中国经济增长质量提高的影响分析》③ 一文中论证了组织创新促进经济增长质量提高的机理；与阿吉翁和豪伊特（1998）在《内生增长》一书中，所强调的私人组织创新管理中实行纵向一体化决策的观点不一样，她在认同市场自校正作用的同时尤其关注政府职能改变在清除造成组织创新无序状态的障碍中的作用；除政府职能转变与市场自校正之外，陈佳美还认为规范市场进入与退出机制以及构建企业与市场政策间的协同机制等建设性路径能够促进组织创新，进而可通过组织创新来提升经济增长的质量。任保平、甘海霞 2016 年在《中国

---

① Nadide Sevil Tülüce，Asuman Koç Yurtkur. Term of Strategic Entrepreneurship and Schumpeter's Creative Destruction Theory［J］. Procedia – Social and Behavioral Sciences，2015：207.

② 陈斌. “创造性破坏”诠释企业家精神［J］. 理论学习，2013（07）：41.

③ 陈佳美. 组织创新对中国经济增长质量提高的影响分析［J］. 经济学家，2013（12）：36—41.

经济增长质量提高的微观机制构建》① 一文中指出，关于经济增长质量的宏观研究思路在理论上存在局限性，因为微观层面上企业的创新行为以及产品的质量提升是影响经济增长质量的决定性因素。基于此，他们构建了经济增长质量提高的微观基础——企业创新、商业模式创新和人力资本发挥作用。与此同时，他们还分析指出，提高经济增长质量的微观机制可包括三部分内容：一是完备的技术创新体系（须借助企业的创新形成），二是协同创新体系（须借助商业模式的创新形成），三是以人力资本创新来探寻的经济增长点。同时，他们还认为，上述微观机制的平滑运转需要借助制度的创新来推动。

综上，约瑟夫·熊彼得以及国内外其他学者们研究成果表明，“创造性毁灭”与企业家精神之间存在着相辅相成的关系，他们均对一国经济的高质量发展具有重要意义。若将两者结合起来，进一步将“创造性毁灭”视为企业家精神内核，就会形成一个构体——“创造性毁灭”企业家精神。在新时代培养该种企业家精神，对我国现代化经济体系的构建以及创新型国家的建设将会具有积极和进步的意义。

因此，“创造性毁灭”企业家精神，以企业家精神为载体，同时承载着“创造性毁灭”的丰富内涵。那么它具体包括哪些维度呢？接下来，本书将对“创造性毁灭”企业家精神的构成维度进行界定。

（二）“创造性毁灭”企业家精神的特征——创新与冒险

本章节前述部分，不仅对“创造性毁灭”的思想内涵进行厘定，而且通过研究文献对“创造性毁灭”与企业家精神相互关系做了详细介绍，它们为“创造性毁灭”企业家精神构成维度的界定进一步奠定基础。

首先，在“创造性毁灭”这一组合体中，重点显然为“创造性”；而与“创造性”内涵直接对应的概念便是“创新”，因此“创新”可谓“创造性

① 任保平，甘海霞. 中国经济增长质量提高的微观机制构建［J］. 贵州社会科学，2016（05）：111—118.

毁灭”企业家精神的主要特征以及构成维度之一。那么，何谓创新？要回答这个问题仍然要回归到瑟夫·熊彼得的创新理论。熊彼得于1934年在《经济发展理论》中提出关于创新的五种组合方式，它们分别是：引入新产品、采用新的生产方法、开辟新市场或渠道、获得新的原材料或半制成品的供应来源和实现一种新的组织。与此同时，熊彼得把企业家界定为上述五种组合方式的执行者，即为创新任务的主导者——“创造性毁灭”任务的主要担当者。从某种意义上讲，创新就是“创造性毁灭”的内涵和结果。因此，本书将创新视为企业家精神的主要特征，不仅契合了“创造性毁灭”的本意，而且符合我国新时代建设创新型国家的目标与要求。

其次，绝不能忽略这一组合体中的另一要素——“毁灭”。根据前述分析，“毁灭”是“创造性”的前提条件；“毁灭”不仅需要无所畏惧的担当精神，而且要具有足够的好奇心和上进心。基于这两层含义，我们将“创造性毁灭”企业家精神的另一个构成维度界定为“冒险”。将“创新”与“冒险”视为“创造性毁灭”企业家精神的两个构成，能够从约瑟夫·熊彼得的理论体系中找到论据支撑。熊彼得在《资本主义、社会主义与民主》一书中谈到了企业家阶层的消失会导致其资本主义社会走向悲观结局，同时他提及（虽然不够明确）当社会中具有“创新和冒险”精神的企业家阶层被偏好稳定收入和保障的管理者阶层所取代时，就意味着资本主义失去了倾向创新的动态趋势与进取精神。其中，将“冒险”界定为企业家精神、创新之外的另一特征可以从两个方面进行解释：首先，“冒险”精神符合“创造性毁灭”内涵的要义。“创造性毁灭”与破釜沉舟的勇气、无所畏惧的担当以及革故鼎新的锐气都是分不开的，它尤其体现为一种要求进步的精神活力以及责任与担当。陷入安逸与餍足状态之中的人们是不可能、也不愿意完成“毁灭”任务的，因此企业家必须具备商业的冒险情怀，始能干大事和成大事。具体而言，在企业经营中从事与“创造性毁灭”相关的研发活动，往往意味着大量沉没成本的产生，势必会使企业面临着较大的财务风险。因此敢于冒险可视为企业开展创新活动的首要素质条件。其次，它是实现人民心中的“中国梦”以及完成新时代经济高质量发展历史任务的基本要求。在目前阶段，我国不仅是世界上第二大经济体，而且已经步入中等收入国家；人们走在富强、民主与文明的道路上，经济已由高速增长的阶段逐步进入高质量发展的阶段。在这一阶段，特别容易陷入“中等收入陷阱”，小康生活的安逸尤其容易使人丧失进取的方向，从而因满足现状而裹足不前。但是另一方面，我国正面临经济高质量发展的目标，该目标对大刀阔斧地进行供给侧结构性改革提出要求；而为完成供给侧结构性改革的任务必须进行产业结构的调整工作，无论是“去产能”还是“去库存”，均需要大无畏的“毁灭”的精神，“冒险”成为这一历史进程中的企业家所必须具备的品质。

综上，本章节主要围绕两个方面的内容展开论述：一是对“创造性毁灭”的理论以及现有研究成果进行文献综述，以形成研究“创造性毁灭”问题的理论序列；二是结合已有的研究基础对“创造性毁灭”企业家精神的构成维度进行界定。针对第一个方面的内容，本书详细论述了马克思、桑巴特、熊彼得以及阿吉翁等人对“创造性毁灭”理论的贡献，并介绍了该理论目前的新发展；针对第二个方面的内容，本书首先介绍了关于“创造性毁灭”企业家精神的相关研究成果，并强调以熊彼得的创新理论体系为基础；其次结合我国新时代的任务与要求将“创造性毁灭”企业家精神特征进一步界定为“创新”与“冒险”。

本书认为，“创造性毁灭”以马克思主义思想为根，以熊彼特的理论体系为本，以企业家精神为载体，以“创新与冒险”为构成维度，以新时代现代化经济体系的构建为基本任务。此外，“创造性毁灭”活动还体现为一种促进经济增长的技术进步效应；“创造性毁灭”思路还意味着一种打破常规、不因循守旧的方式方法；“创造性毁灭”还作为一种文化基因流淌在我国新儒商的精神血脉里。

在本书的后续章节我们将依次探讨上述四个方面的内容。

第二章 “创造性毁灭”活动与我国经济增长

为了将“创造性毁灭”活动进一步具象化，尤其是，为更好地说明“创造性毁灭”企业家精神对我国现阶段现代化经济体系构建的深远意义，本章节内容主要涉及两个方面：一是对我国不同历史时期、不同驱动力作用下的经济增长运行机理进行诠释与剖析；二是将“创造性毁灭”活动对我国经济增长的效应界定为一种技术进步效应，并将它纳入上述经济增长的运行机理中，具体分析“创造性毁灭”活动对我国经济增长的影响作用。跟当前多数文献对经济增长的研究侧重于宏观研究不一样的，本书则重点对我国经济增长的微观机理进行分析与总结，其中采用了由“要素条件分析—技术路径选择—生产方式界定—产业范式形成”构成的四步式理论分析框架。

一、我国经济增长的驱动力以及两种增长模式的形成

本部分将主要论述我国经济增长历程中的两种模式：要素驱动的经济增长模式以及创新驱动的经济增长模式，其中驱动力的转换过程即为两种模式的转换过程。

在全面诠释经济增长的机理之前，首先对经济增长的含义、实现路径及其增长源进行简单的界定。

（一）经济增长的含义：资本积累

经济增长的含义是什么？宏观经济学给出的定义是国内总产出或人均国内总产出的增加。对这个问题给出最早答案的是古典经济学的代表人物亚

当·斯密。按照斯密在书中的观点，经济增长的内涵表现为国民财富的增加。基于此，微观视角下的经济增长可界定为微观主体（企业，个人或家庭，某个代表性产业）的财富增加，具体表现为企业的利润增加，个人或家庭的净收入增加。

与上述观点相类似，新古典经济学家们将经济增长的过程视为资本积累的过程。阿吉翁与豪伊特（Ahghion &Howitt，2004）在总结了新古典经济学家们的基本观点之后，认为在确定劳动和人口增长为外生因素的时候，经济增长的基本方程可以用资本积累的增长率来表示。具体公式表示为：

$$k = sY - \delta K \tag{2.1}$$

其中，s代表储蓄率，Y表示国民毛收入，δ代表资本的折旧率，K表示资本存量。

基于上述公式，可将经济增长的体制界定为资本积累的体制。

但是要指出的是，新古典经济学家曾在此基础上得到一个匪夷所思的结论：在不考虑技术变化和人口增长率的情况下，收益递减规律将冲销掉所有的增长效果，从而让长期内的经济增长为零。因此，更加令人信服的研究结果需要建立在将上述两个因素内生化的基础上。经济学家所做出的上述努力进一步表明人口（劳动要素）的积累与技术变革是影响资本积累和经济增长的关键因素。因此对经济增长的路径及其驱动力的探索应该围绕这两个方面展开。

（二）经济增长的实现路径：技术进步

如何实现经济增长？这是经济学界的亘古不变的命题。就整个西方经济学说史来看，对经济增长根源的探寻一直没有间断过，而围绕着这一主题，一大批具有影响力的经济学典籍里都或明或暗地表明技术进步（革新）是答案的所在。在此之所以说“或明或暗”是因为，技术因素对经济增长的意义除了直接明示（熊彼特，1912；索洛，斯旺 1956 等；丹尼森，阿罗，1962；保罗·罗默，1986，1990）之外，还往往采取寓含的形式：如从专业化分工（亚当·斯密，1776；大卫·李嘉图，1817；阿林·杨，1928）的视角来间接表明，或者借助劳动力载体、以人力资本意义（罗伯特·卢卡斯，1988；罗伯特·巴罗，1995；阿吉翁、霍伊特，1990，1998）加以体现等。研究技术进步对经济增长的贡献，经历了将技术因素从外生化逐步到内生化的历程。新兴古典经济学代表人物杨小凯曾在《经济增长的微观经济机制》（1991）一文总结指出“有两种基本的方法用来解释经济增长。第一种方法以索洛（1956）与斯旺（1956）的著作为代表，将经济增长的根源归于外生的技术变化。第二种方法，最近已经被广泛关注，采取将经济增长的根源——技术内生化的方法”。针对第二种方法，杨小凯还进一步举例指出，罗默（1986a，1990a），卢卡斯（1988），和阿吉翁、霍伊特（1990）的观点是认为经济增长率取决于人力资本与技术变化的内生积累。综上，经济增长以技术进步为实现路径，而其实现机制的构建过程体现为对技术路径的探索过程。

（三）技术进步的主要来源：“创造性毁灭”活动

技术进步可视为经济增长的必经路径。从一定意义上讲，整个世界的经济发展史就是一部技术进步史。经济体选择促进其经济发展的技术路径，对备选技术具有统一要求，笼统地讲，包括两个方面：一是跟经济体当期发展程度所需的技术水平相比，即将采纳的技术必须是先进的；二是借助技术生产出来的产品必须符合市场需求。

技术从何而来？对每个经济体而言，其新技术的来源基本一般有两条途径：外来引进或自己研发。为什么会有技术的转移和引进？以亚当·斯密为代表的古典经济学分工理论对寻找答案具有启示意义。根据亚当·斯密在《国富论》中的观点，国民财富的增加（经济增长）是分工的结果；但分工的水平受限于市场范围，因为市场过于狭小，可能没有分工或者只有水平低的分工，换言之，市场可以表示为分工的条件。亚当·斯密上述观点的继承与发扬者——阿林·杨格（1928）指出分工的专业化程度又影响到市场的规模大小。因此市场与分工是影响技术产生的两个根本原因。具体而言，随着国际分工的进一步深化和国际市场规模进一步扩大，世界各国制造业在全球价值链的治理体系中被置于不同等级的位次，各国经济发展的垂直层次基本与其生产技术水平的分布位置相对应。基于技术研发的高投入和高风险，在世界经济发达程度存在梯度差异的前提下，技术的“雁行转移”成为一种规律和常态。世界上欠发达国家的企业采纳和引用发达国家转移过来的、相对进步的技术也成为一种惯例。贝恩·阿瑟（1989）将技术分为收益递增、收益不变和收益递减三大类。其中若有一种技术，先期被越多的企业使用就会给其后来的使用者带来越大的收益，其原因是该项技术在多次使用后会逐步得到改善，这类技术为收益递增①的技术；反之为收益递减的技术。收益递增的技术具有刚性，会将技术的应用企业锁定在该技术路径上，换言之，企业在使用之后容易对此形成路径依赖。

毋庸置疑，技术的研究与开发以及新技术的规模采纳是“创造性毁灭”的典型活动，其完全符合“创造性毁灭”的所有特征。但是，针对引用外来技术的活动是否属于“创造性毁灭”活动则视具体情况而论。本书认为，若在对外引技术的采纳过程中，根据经济体本身的要素禀赋条件和特色生产方式进行技术改进等创造性活动，以“扬弃”的方式对外引技术进行利用，就可以认为是内含“创造性毁灭”的活动。反之，若在对外引技术的采纳过程中一味地复制照搬，则认为其中不具备“创造性毁灭”活动的特征。

因此本书认为，各经济体产业技术路径的主要来源为“创造性毁灭”活动，该活动一方面包括由经济体自身研发所产生的新技术及其采纳，另一方面包括对外引技术采纳过程中所含的技术革新。

（四）要素供给条件、优势转化以及我国的两种经济增长驱动模式

要素供给条件，包括要素供给数量条件和要素供给质量条件，其中劳动要素质量条件又称为人力资本条件（特征）。目前国内外多数文献所提及的是经济增长（发展）的两种主要模式，它们分别是要素驱动的模式和创新驱动的模式。本书认为，在这两种驱动模式下要素条件均发挥了直接或间接的驱动作用：其中在要素驱动模式下，要素条件对经济增长的驱动效应更加直

---

① 针对技术的收益递增含义跟针对产出的报酬递增含义不一样，再次说明。

接，表现为要素供给条件（数量条件和质量条件）与技术路径和生产方式的高度契合，优势条件转化为企业中的生产优势和竞争优势；而在创新驱动的模式下，劳动要素的人力资本条件（特征），借助“干中学”等形式在生产技术的革新过程中发挥关键作用，优势条件转化为创新优势，通过影响经济增长技术路径的创新与选择过程，来间接地发挥其驱动作用。

1. 要素条件在经济增长中的驱动作用—基于内生增长模型的分析

在此借助 Romer（1990a）的内生增长模型的研究结果，即均衡状态下的经济增长公式来考察并分析要素条件在经济增长的驱动作用。在该模型中劳动力分为两类：参与生产制造活动的劳动力和参与科研（创新）活动的劳动力，得出均衡状态下的经济增长公式如下：

$$g = \frac{a\delta\bar{L} - \rho}{a + \varepsilon} \tag{2.2}$$

其中 g 的表示经济增长率，a 表示资本要素的产出弹性系数，δ 表示科研（创新）活动的生产率，即衡量劳动要素的质量条件（人力资本条件）对经济增长所作贡献，ρ 代表时间偏好率。其中公式中 $\bar{L}$ 大小可以进一步用来阐释劳动要素数量条件对经济增长所作的贡献。

从公式（2.2）中可以看出：与劳动要素人力资本条件直接相关的指标以及劳动的要素数量条件都在公式中的分子部分，据此可以得出这样的结论：在经济均衡增长中起决定作用的因素是生产要素，特别是劳动要素的数量和质量条件。要素条件对经济增长的驱动作用的结论由此可以得出。

2. 基于条件供给优势的要素驱动经济增长模式形成

由上述内容得知，要素供给条件对经济增长发挥驱动力作用。在经济增长两种主要模式中，若在某种模式下要素条件直接对经济增长发挥决定性的作用，就将该种模式称之为要素驱动的经济增长模式。在该种经济增长模式下，要素供给优势条件，是形成产业竞争优势的来源。

本书认为，要素驱动经济增长的理论渊源可追溯到古典经济学家的分工理论，特别是大卫·李嘉图的比较优势理论和赫克歇尔—俄林要素禀赋学说。

分工理论认为，当某经济体针对生产某种产品其要素禀赋条件具有绝对或相对优势时，通过积极地参与分工能够获得比分工前更大的利益。因此要素的禀赋条件若是外部优势条件，就会成为经济体参与分工、实现其资本积累的关键条件。

那么，怎样衡量一国的要素供给条件具有优势呢？在李嘉图模型中强调了要素的劳动生产率标准，若一国生产某种产品的劳动生产率水平较高则认为具有对外的优势；同时将劳动生产率指标跟一国的生产技术水平密切联系起来，认为技术水平高则劳动生产率水平高；在赫—林模型中则强调了生产要素的相对丰裕程度，针对生产某种产品，其要素相对丰裕程度越高越具有优势。本文认为，要素供给条件是否是优势条件的判定依据，不应是脱离生产过程之外的单一指标或因素，而是应该在生产过程中且要借助一定的生产方式将生产技术与要素条件结合之后的一种结果判断。具体而言，一国的要素供给条件与生产技术的契合程度越高，就越会形成该国产业的竞争优势；相应的，要素供给条件成为优势条件，且以要素租金的形成促进资本的积累。依赖于上述过程，要素驱动的经济增长模式得以形成。

针对要素驱动的经济增长模式的形成机理概括如下：

代表性企业获得具备一定优势条件的劳动力—特定生产方式下劳动力要素供给条件与生产技术完全契合—企业具备生产和竞争优势—代表性企业获得要素租金—实现资本积累。

3. 基于人力资本条件的创新驱动经济增长模式的形成

如果要素驱动的经济增长模式是在既定技术条件下凭借要素条件与技术特征的契合度以获得竞争优势的话，那么创新驱动的经济增长模式则强调技术条件的提升和转换。当前技术发展水平领先的发达国家多采用该种经济增长模式，而在许多欠发达国家（LDCs）中该种模式形成的背景往往是前期的要素驱动模式不能持续有效地促进经济增长。

那么，在何种情况下要素驱动的增长模式不能奏效、创新驱动的经济增长模式会被期待？基本有以下两种情况：一是经济体的要素供给条件发生了改变，要素条件与技术路径之间的原有“默契”已被打破，代表性企业的竞争优势丧失，同时要素供给条件的优势不能维系，只能通过改变技术路径来适应这一变化；二是经济体借助原有技术所生产的产品已经不能满足市场的需求（不能从外界得到正反馈信号），新技术的革新成为必要，但是市场上没有能够引用的现成技术，只能通过自身的研发来达到应用目的。上述两种情况都会产生对技术创新的要求，亟待以技术路径的改变来驱动经济的增长。

如前文所述，对技术创新理论最早作系统阐释的是约瑟夫·熊彼特（Joseph Schumpeter）。1912 年他发表著作《经济发展理论》，将创新视为生产要素的新组合，并指出发展是不断创新的结果，包括以下五种情况：引入新产品，引入新技术（工艺），发现新市场，发现新的资源供应（渠道）以及产业的结构与组织变化。国内研究者一般将上述五种情况总结为创新的五种形式：产品创新、技术（工艺）创新、市场创新、资源配置创新与组织创新。熊彼得关于“创新是生产要素的新组合”的观点，实际上指明了要素条件与创新的过程和结果存在密不可分的关系。其中劳动要素的人力资本特征，可以被视为要素质量条件。具备人力资本特征的要素是如何促进经济增长的？卢卡斯（1988）认为，人力资本积累率（通常所称的干中学）的提高是经济增长的主要动力，物质资本在经济增长中仅起补充作用。巴罗和拉萨伊马丁（1997）发展了卢卡斯和罗默的干中学模型，并在模型中设立了知识指数，但他们保留了罗默关于人力资本的两大假设：一是干中学依靠企业投资取得；二是知识具有外溢性从而在企业之间能够被共享。基于此，创新驱动经济增长的模式实际上是由要素的人力资本特征驱动的经济增长模式，人力资本的创新活动会为企业带来垄断租金，从而促进其实现资本的积累。

针对创新驱动的经济增长模式的形成机理概括如下：

代表性企业获得具备人力资本特征的劳动力——定的生产方式下劳动力通过“干中学”积累“创造性毁灭”活动—企业具有创新优势—新技术产生与被采纳—代表性企业获得垄断租金—实现资本积累。

值得注意的是，跟外引技术容易发生“水土不服”症相比较，通过“干中学”途径所产生的新技术与要素条件、生产方式、市场规则之间的协调性更好。因此，经济体的产业凭借新技术“垄断租金”能够更快地实现资本的积累和经济增长。在此，将经济增长两种驱动模式的相关内容及特征列表比较。

表 2.1 经济增长的两种驱动模式比较

	要素条件影响增长的路径	生产方式的作用	对要素人力资本特征的要求	实现资本积累方式	“创造性毁灭”活动的作用
要素驱动	直接驱动 条件优势转化为生产优势	将要素条件与生产技术结合	低 但须与生产技术特征相吻合	要素租金	可能存在 若存在，则会提升要素租金
创新驱动	间接驱动 人力资本条件转化为创新优势	将要素条件与生产技术结合	高 须具备“干中学”的能力	垄断租金	存在 决定垄断租金的多少

总之，无论是在经济增长的何种驱动模式下，要素条件，特别是劳动要素供给条件都是关键因素；其中在要素驱动的经济增长模式中，特定生产方式下生产技术与要素条件之间的契合度是能否驱动经济增长的关键，劳动要素的供给条件不仅要在数量上满足要求，还要在质量上满足技术特征所蕴含的基本约束条件；在创新驱动的经济增长模式下，对劳动要素的质量要求较高，其人力资本特征决定能否成功进行技术路径的转换。

在此强调的是，“创造性毁灭”活动的具体实施者是劳动要素；而企业家是“创造性毁灭”活动的主导者、发起者以及企业微观层面的管理者。“创造性毁灭”活动对两种经济增长驱动模式的作用主要体现在经济体的产业对技术路径的选择过程中。本书认为，即便是要素驱动的经济增长模式，它也要强调“创造性毁灭”活动的存在，因为唯有其中的“创造性”行为才能够保证一国的产业在长期内获得丰厚的要素租金回报，进而经济体才能凭以实现有效的资本积累。

二、 我国经济增长的微观机理以及“创造性毁灭”活动所发挥的作用

正如卢卡斯（1988）指出的那样“一个成功理论需要捕捉增长模式中的变革力量，以及允许这些力量运行的机制”。本部分内容将着力于解读我国经济增长的微观机理。具体而言，将阐释我国要素驱动经济增长的运行机理，即劳动要素供给条件对经济增长的作用机理，同时将尝试解释我国自市场化改革以来保持三十年经济高增长的原因。因此将考察的时间的起点设置在上个世纪末，终点为我国经济进入新常态之前。在此假定我国在经济高速增长期所处的经济社会阶段为LRF模型下的刘易斯第一拐点前阶段①，在这一时期农村劳动力能够无限供给。相对于特定生产方式下技术路径的要求，我国的劳动要素具有优势的供给条件，从而能够产生要素租金，代表性企业的利润增加，要素驱动经济增长的模式得以形成。

（一）我国经济增长的微观分析框架

正如Young（2003）指出的那样“尽管时下（经济增长方面的）学术研究重点为工业和出口，但是对这个世界上发展最快的经济体（中国）越了解就越会明白其发展的根本在于：农业、土地和农民”。我国的经济增长模式问题离不开农村劳动力流动的背景研究。在此，农村劳动力流动所形成的劳动要素供给条件按照我国经济社会发展的阶段来划分，分为刘易斯拐点前的条件和拐点后的条件。我国自改革开放以来基于稳定的社会环境和较高的人口出生率，长期处于刘易斯拐点前的发展阶段，农村劳动力在特定工资水平下能够无限供给。由我国的农村劳动力流动的特征所决定的劳动要素禀赋在数量、成本与年龄方面比其他国家更具优势：数量更加丰裕，工资更加低廉，

① 部分学者可能会对此有不同意见，认为民工荒和农民工回流现象等表明我国农村劳动力已不能无限供给。本文之所以作出上述假定，原因其一是方便进行我国要素驱动的经济增长模式的形成机制分析；其二是本文第三章已表明我国农民工的数量仍然呈上升态势和农民工回流为弱回流特征。此外，在第五章实证分析中将会证明农民工回流对经济增长的负面效应不显著。特此说明。

青年农民工更多。在这一时期，我国劳动要素的系列供给条件包括：丰裕，低成本，年轻，以及教育、勤俭和自我管理能力，尤其以数量条件、价格条件为特色，因为这几个条件属于不可持续条件，在经济社会发展的其他阶段可能会逐步消失。在要素驱动我国经济增长的模式下，劳动要素条件中“数量大和成本低”成为最瞩目的因素。

教育、勤俭和自我管理能力这三个条件被称为劳动要素的人力资本特征，代表着劳动要素的素质水平。我国劳动要素的人力资本特征，一方面大大强化了劳动要素本就具有的低成本优势①，另一方面提升了劳动生产率、并产生了外部性，综合提升了要素条件的驱动作用。它的作用远不仅如此，后续的分析还涉及它对创新活动的作用。

1. 代表性企业设定以及四步式微观分析路径

为了更好地分析问题和解决问题，在诠释要素供给优势促进我国经济增长的机理时遵循四步式微观分析路径。在构建过程中，有两条线索在同步推进：第一条是以劳动要素条件优势的逐步转化为内容；第二条是以代表性企业的选择与成长历程为内容。其中第二条是以第一条线索设定的环境为背景，因此在分析过程中，往往先关注第一条线索的内容，然后再论及第二条线索的内容。

（1）代表性企业设定：前身是自给自足的生产者（消费者）

假设存在这样一个代表性企业 A。在此没有设定 A 企业的特殊条件，例如他（它）是国有企业或民营企业，但假定该企业经营范围系我国传统产业的业务范围；该企业法人的前身是个自给自足的生产者（消费者）A，且他（它）的劳动生产效率为社会的平均水平。本章节的相关分析先从生产者 A 开始，但侧重点是在其转化为代表性企业 A 之后。

（2）四步式微观分析路径及其说明

---

① 其中的道理是：勤俭的品质导致农民工对工资（可变成本）的期望值降低；自我管理能力使企业降低了管理成本。

在构建经济增长的微观机制时，相关论证借助上述两条线索展开，而线索的推进过程均按照“要素—技术—生产方式—产业范式”的四个步骤推进。该四步式路径分析是对我国代表性企业竞争优势形成过程的一种解构方法。具体而言，这四个步骤包括：首先从要素供给条件分析开始；其次在厘清要素条件的基础上进行技术路径的选择，侧重要素条件与技术路径的相容与匹配；再次由生产方式将具备一定禀赋条件的生产要素跟选定的生产技术结合进而组织生产，其中在界定生产方式时特别强调要素条件、生产技术与生产方式三者的相容与匹配，以便于要素租金的产生；最后产业范式的形成过程是一国具有代表性产业的竞争优势的塑造过程。其中要素条件优势对经济增长的驱动作用表现在各个环节：生产者身份转变时表现为比较优势；在技术路径选择方面表现为对要技术进入壁垒的突破；在生产方式界定阶段表现为生产优势；在产业范式的形成阶段表现为产业的竞争优势。

在进行路径分析前，为便于理解其中的理论来源、构建方法及其逻辑关系，特在此做出简要的说明。分析经济增长的微观经济机制的理论源头是古典分工理论及其演化。本章在构建经济增长的微观机制时仍然从劳动分工开始，并将市场视为与分工密不可分的合作者，它们结合在一起发挥对生产方式发展和技术进步的催化作用。经济增长的技术路径选择和演化的逻辑主线是在对贝恩·阿瑟的路径依赖理论与思想的借鉴、拓展和创新的基础形成的。贝恩·阿瑟于1989年的两篇研究成果《竞争技术、收益递增和历史事件锁定》（3月）和《经济中的正反馈》（11月）① 对支持经济体系运转的报酬递增现象，用数学的概率论和随机过程加以阐释，对偏离均衡的正反馈问题予以剖析。书中认为，历史事件（偶然事件）推动经济体对技术路径做出选择

① 1990年2月正式出版。

过程，但一旦选定报酬递增的技术①，不管该路径的优势如何，经济体会被锁定到该技术路径上，报酬递增的正反馈效应会进一步放大结果，使优中更优或劣中更劣。本文认为，贝恩·阿瑟的上述理论对分析经济体主导产业的技术路径采纳抉择以及评价非竞争均衡状态下的技术收益水平均有借鉴意义。但是考虑到目前国际上关于技术创新和转移的规律和现实，贝恩·阿瑟的理论仍存在不足之处：非技术研发国家在选择技术路径进入时不是零壁垒的，用自然偏好和偶然事件来解释显然不够充分、不够有力；没有考虑同一技术路径在不同经济体、不同时期的收益动态变动规律；对规模报酬不变和递减技术的非锁定状态和采纳理由的阐释不够充分。本章节引入中国情境内容并对上述不足之处进行弥补，以形成我国要素驱动增长模式的分析框架。经济增长微观机制形成的标志是什么？20 世纪 70 年代以来，西方经济学中的一个独树一帜的学派——法国调节学派的相关做法具有借鉴意义。他们在构建一国的经济发展模式时以微观层次的产业范式（Industry Paradigm）为基础，而针对产业范式的相关研究方法是对经济体的增长机制做微观分析，而微观机制的构建则以产业范式的形成为终点；同时产业范式的形成又可以成为宏观分析的起点，这种做法将个体研究和总体研究借助产业这一介质联系起来，能够更好地体现微观分析是宏观分析基础的理念。因此，对我国经济增长的微观机制研究，可以构建开放经济下具有竞争优势的产业范式为思路，而该种范式的形成可以视为完成对经济增长微观机制解构的标志。

此外，在对经济增长进行微观分析时，本文没有采用新古典经济学的典

---

① 值得注意的是，贝恩·阿瑟在《竞争技术、报酬递增和历史事件锁定》一文中的“报酬递增”的含义跟通常我们所理解的“报酬递增”是不同的：文中的“报酬递增”指的是技术的先期被采纳次数越多、所占据的市场份额越大，越会增加后来的采纳者的收益；而通常经济学中所指的“报酬递增”指的是产出的增加比例高于投入要素的增长比例。此外，可能会有学者提出异议：阿瑟文中所指竞争技术多被视为高新技术，将相关理论用于分析我国经济高速增长时期的技术路径选择是否妥当。对此，作者给出的解释是：通过多次通读阿瑟的上述两篇文章，从中发现他所论及竞争技术，其强调重点与其说是高新技术，不如说是新技术；从新技术这一视角出发，可发现阿瑟的相关理论较好地契合了我国当时的情境，因为一方面企业选择的是相对于国内当期发展水平较新（先进）的技术，另一方面企业在特定生产方式下还进行了技术本地化改进活动。

型做法，假设所有生产企业为同质的，然后设一个生产函数进行最优化决策研究；也没有采用瓦尔拉斯的一般均衡方法或竞争均衡的方法。究其原因一方面是处于与阿瑟等（1989）正反馈思想的共识：支持特定时期经济增长系统的规则是非竞争均衡，且认为由经济体的要素禀赋条件与其相应的竞争优势决定其均衡位置；另一方面，一般均衡分析过程中必须设定严苛的假设条件，会偏离现实、让结论缺乏说服力。如杨小凯等（1991）在作关于经济增长的微观经济分析时，在其一般均衡模型中为防止垄断的产生会改变前设的市场结构条件而假定期货市场的范围和个人决策的范围都是无限的，即便作者本人在文中也认为这些假定条件显而易见与现实偏差太大。本文在此借鉴了罗默在论证新经济增长理论中采用的方法，直接放弃完全竞争的市场结构假设，且将市场结构设置为非完全竞争的市场结构。

2. 劳动要素条件优势首次转化：投资设厂中的比较优势

要素供给条件分析为四步式路径分析的第一步。在厘清要素条件优势之后，自给自足的生产者 A 将做出身份转变的选择：成为生产性企业，即代表性企业 A；与此同时，劳动要素条件优势转化为“比较优势”。

按照先设条件，目前代表性企业 A 还没有产生，A 的身份还是一个自给自足的生产者，他生产一种我国传统产业所经营的产品，例如纺织服装产品。现在 A 面临着选择，是继续自给自足呢还是参与社会分工，成为一个生产性企业呢？

生产者 A 会不会选择成为一个生产厂商，要基于他对要素市场的要素条件的考察结果。在选择时他要面对很多问题进行决策：首先，他能找到足够的劳动力吗？其次，生产所需要的要素投入成本能符合他的预算约束吗？最后，在成为生产企业之后他的生产效率会提升吗？其中最后的条件为关键条件，因为该条件决定了他未来的产量大小和生产利润水平。

结合我国劳动要素供给条件的分析分析结果，生产者 A 能得出到上述问题的答案。我国劳动要素的数量丰裕条件，意味着生产者 A 能够很快在要素市场上找到他所需数量的劳动力；劳动要素的价格低廉（成本低）条件则意味着生产者 A 极有可能找到符合他预算的劳动力。针对其生产效率会不会提高的问题，在此通过一个模型来进行分析说明。

假设用 X 代表产量,用 O 表示生产工序,用 α 表示生产某道工序所需要的投入,则有:

$$X = min(\frac{O_1}{\alpha_1},\frac{O_2}{\alpha_2},\cdots,\frac{O_n}{\alpha_n}) \tag{2.3}$$

假设生产者 A 需要 n 天的时间才能生产出自己所需要的一件产品,而生产该种产品需要 n 道工序,每道工序都需要他一天的时间。该生产者在每道工序上的生产效率为社会平均水平。

若生产者 A 选择从要素市场上雇佣个劳动力为其生产该种产品。在此根据我国劳动要素条件进行分析,上述 n 个劳动力具备了一定的人力资本特征。在生产过程中每个劳动者在被分配任务时,一般会按照其在某道工序的生产中所具有的比较优势进行,也就是说每个工人会被派遣到他所擅长的工序上去工作。那么,可以粗略估算,现在要完成一件产品的时间会远远少于一天;且后期,具有学习能力的劳动力伴随着劳动熟练程度的提升,其工作效率会迅速提升;n 天之后,生产者 A 获得的产量不仅仅是原先自给自足状态下产量的 n 倍,甚至是远超 $10n$ 倍。

基于上述分析，生产者 A 作出的理性选择为：完成身份转变，成为生产性企业 A 。在后面的论述将改用代表性企业 A 的称呼。

在这一过程中，劳动要素禀赋条件所起的作用非常明显，劳动要素的条件优势进一步转化为“比较优势”。要指出的是，此处的“比较优势”具有多重含义，但基本是指生产性企业 A 跟自给自足状态下的生产者 A 相比，在生产效率上具有优势。

上述关于生产者选择与身份转变的意义是什么呢？它代表着这样的一种情境：当越来越多的生产者选择投资设厂时，社会总投资会增长，进而社会总供给会增加，经济增长则成为可能。我国在上个世纪末至本世纪初“乡镇企业异军突起”、各种民营和外资经济性质的生产型企业的持续涌现，表明我国经济当时已经进入繁荣期。

3. 劳动要素条件优势第二次转化：技术进入壁垒突破与技术路径选择

技术进步路径是经济增长的必经路径。一定意义上，整个世界经济史就是一部技术进步史。经济体选择促进其经济发展的技术路径，对备选技术统一要求包括：跟经济体当期的发展程度与技术水平相比，要选择的技术必须是先进的；通过技术生产的产品必须是有市场需求的。

接下来，代表性企业 A 要选择他要走的技术路径。值得注意的是，技术的采纳一般要求企业的投入要素首先要符合一定的条件，且要素条件与技术特征越契合越能为企业带来生产优势。因此，代表性企业 A 要根据自身所拥有的条件进行技术路径选择。

改革开放初期，我国的社会发展水平落后于欧美发达国家。我国对发达国家采用的是逐步追赶超越战略，在技术来源方面国家虽然主张技术创新与引进并举，但技术引进的方法被广泛采用。当我国接受国外转让的技术，如果对此只一味地复制和吸收的话，该技术的类型就应该属于收益变化报酬不变或报酬递减。

4. 技术路径的选择过程：试错规则、锁定条件及要素供给条件作用

如何选择合适的技术路径？贝恩·阿瑟通过 1989 年两篇研究成果《竞争技术、收益递增和历史事件锁定》（3 月）和《经济中的正反馈》（11 月）阐述技术路径的选择过程和路径依赖思想：企业对技术的选择过程是个随机过程，但是受自然偏好和该技术拟采纳时已被使用的次数的影响，最终理性决策主体会选择给他带来收益大的技术；技术分为收益递增、收益不变和收益递减三大类，其中选择收益递增的技术会得到环境的正反馈（积极信号）；但技术收益递增的技术具有刚性，会将技术的使用企业锁定在该技术路径上，换言之，企业在使用之后容易形成路径依赖。

如何来理解阿瑟的思想呢？首先，将技术的选择过程视为随机过程，可以理解为技术路径的选择过程本身是个试错过程，有其偶然性；试错本身是解决问题、获得知识常用的方法，特别是当经济体面临的备选技术有限时，

这一方法有一定效果。其次，收益递增的技术与环境的正反馈以及路径依赖之间存在着先后顺序和因果关系。收益递增的技术前面已经有论述在此不再赘述。所谓正反馈，是控制论中的术语，本指扩大对系统的干扰导致系统失去稳定；被生物学广泛采用，生物正反馈中的因果链维系了系统的良性循环。此处的正反馈，可理解为竞争的非均衡状态，被市场认可且具有竞争优势，在该状态下资本积累的结果顺理成章。阿瑟的路径依赖思想与后来道格拉斯·诺斯的路径依赖观点存在不同之处，阿瑟认为收益递增类型的技术才可能被锁定，被锁定之后产生路径依赖。本文赞同阿瑟的这一观点，认为长期内报酬递减的技术只会加剧竞争，不能从市场的积极信号中得到正反馈的激励，路径不具备可持续，更不能达到良性循环。再次，阿瑟将采纳技术的基础收益视为由采纳人（企业）的自然偏好所带来的收益。本文认为这一观点有不妥之处，或者说不适合对我国情境下的问题分析。技术，特别是引用的外来技术，在市场规则下通常是有进入壁垒的，该壁垒通常表现为禀赋约束和预算约束，因预算约束是与资本要素相关的约束，所以在此一并将壁垒设为要素禀赋约束，为一个外生条件。该条件的设置不会影响技术选择过程的随机性，因为它在模型中的变量性质跟阿瑟所预设的自然偏好值类似，但内涵意义不一样，由此带来的收益也是一个固定值。为了更好地展现技术路径选择中的决策过程和锁定过程，本文以阿瑟的模型为基础，做出下面的理论分析。

假设市场上有两种技术 G_1 和 G_2，该两种技术的收益变化类型是一样的，即都是收益递增的技术或收益不变或递减的技术。企业 i 有两种类型 E_1 和 E_2 在时间 t_i 进入市场，且进入市场的每种类型企业数量相等的。根据先前的假设，企业面临的市场结构是非完全竞争的，进一步假设为垄断竞争的市场结构。按照 Melitz（2003）的研究成果，在垄断竞争的环境中企业的进入壁垒与超额利润存在对应关系，在长期内进入壁垒成本等于企业的利润。基于此，假定企业突破技术的进入壁垒将获得基础收益。企业 E_1 突破两种技术的进入壁垒（要素禀赋约束条件）获得的基础收益分别假设为 g_{1E1} 和 g_{2E1}，企业 E_2

突破两种技术的进入壁垒（要素禀赋约束条件）获得的基础收益分别假设为 g_{1E2} 和 g_{2E2}。假设 g_{1E1} 大于 g_{2E1} 而 g_{1E2} 小于 g_{2E2}，即针对技术 G_1，企业 E_1 的要素禀赋条件适配要比技术 G_2 更好；而针对技术 G_2，企业 E_2 的要素禀赋条件适配要比技术 G_1 更好。

在此借鉴贝恩·阿瑟的做法，假定选定技术 G_1 和 G_2，给企业带来的收益取决于企业选择时该技术前期被使用的次数，分别用 n_{G_1} 和 n_{G2} 表示。表 2.2 列出了两类企业针对两种技术采纳时的收益情况。

表 2.2　两类企业针对两种技术在采纳时不同收益情况比较

	G_1	G_2
企业 E_1	$g_{1E1}+e_1 n_{G_1}$	$g_{2E1}+e_1 n_{G_2}$
企业 E_2	$g_{1E2}+e_2 n_{G_1}$	$g_{2E2}+e_2 n_{G_2}$

当一国的要素禀赋条件较好，该国企业所面临的技术选择就多，因为凭借优势禀赋条件突破技术进入壁垒的机会较多。一旦突破进入壁垒，企业能够在多个备选技术中进行选择时，企业面临的仍是阿瑟模型中所认定的随机过程。

当企业进行选择时，假设两种技术已经被采纳的总次数为 n，而此时对技术 G_1 的选择次数已经有 $n_{G1}(n)$；对技术 G_2 的选择次数已经有 $n_{G2}(n)$，设 $d_n = n_{G1}(n) - n_{G2}(n)$。

按照阿瑟的逻辑，针对收益递增的技术，如果在偶然事件的影响下，某种技术在采纳数量上和收益上领先，企业会不顾对另一种技术的基础收益①较高的情况，转向采纳某种技术。对企业 $E1$，其转向采纳 $G2$ 的条件是：

$$d_n = n_{G1}(n) - n_{G2}(n) < (g_{2E1} - g_{1E1})/e_1 \tag{2.4}$$

同样，对企业 E_2，按照先前的假设条件 g_{1E2} 小于 g_{2E2}，一般会选择 G_2，但在技术是收益递增的情况下，若 E_1 转向采纳 G_1 的条件是：

① 原文中指由自然偏好得到的收益，本文指突破要素禀赋约束条件获得的收益。

$$d_n = n_{G1}(n) - n_{G2}(n) > (g_{2E2} - g_{1E2}) / e_2 \tag{2.5}$$

式子（2.4）与（2.5）设定了 d_n 的界限。图2.1演示了企业对两种技术进行选择的过程和结果。在技术收益递增的驱使下，技术的采纳进程变为带吸收壁的随机游走过程。一旦两类企业选择同样的技术，意味着该种技术领先地位的开始，最终会锁定于该种技术，也就意味着另一种技术不再有机会被采纳。

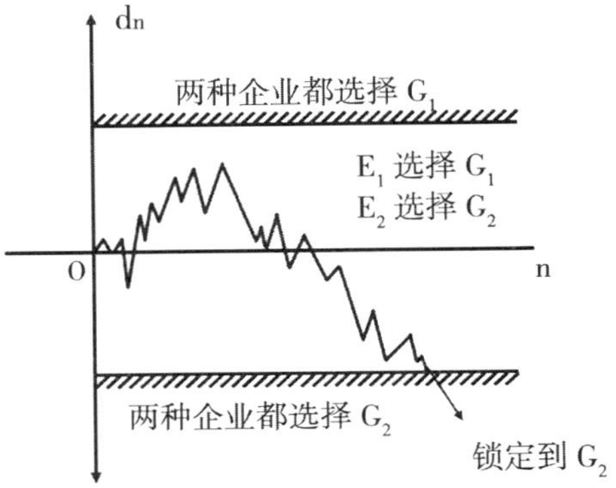

图2.1　收益递增的技术选择：带吸收壁的随机游走

图片来源：W. Brian Arthur. “Competing Technologies, Increasing Returns, and Lock – In by Historical Events”, the Economic Journal, 1989（394）. P120.

上述理论分析主要是针对收益递增的技术展开的。接下来再针对收益不变和收益递减类型的技术进行分析。针对收益不变类型的技术，阿瑟认为虽然选择次序是随机的，但 E_1 类型的企业总会选择 G_1，而 E_2 类型的企业总会选择 G_2，不同种类被选择的概率是一样的。因此不会存在锁定在某种技术上的问题。

针对收益递减类型的技术，在借鉴阿瑟模型的基础上进一步画出选择过程中的带反射壁的随机游走图形。详见图2.2。

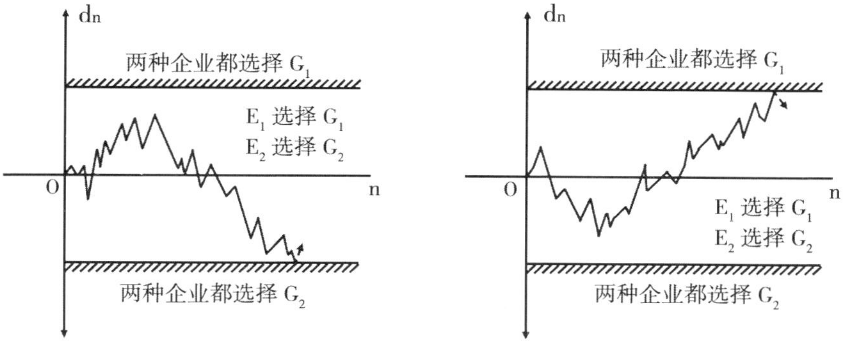

图 2.2　收益递减的技术选择：带反射壁的随机游走

从图 2.2 中可以看出，企业针对两种技术的采纳选择都有，但不会锁定于某一种技术。企业在选择时两种技术的市场份额差异在两个限值（壁）①之间，但游走到界限时就会被反射回去，因而不会出现像收益递增的技术所面临类似的情形，两种技术会分享整个市场，而不会锁定于单一的技术。

5. 代表性企业对标准生产技术路径的选择

现在，针对我国的代表性企业 A 对技术路径的选择问题继续进行分析。这一过程分为两个步骤进行：一是要洞察市场上有哪些备选的技术；二是从备选技术中选择与我国劳动要素禀赋条件相契合的、具有生产优势的技术。

首先，了解市场上有哪些备选的生产技术。我国上个世纪末所面临的备选技术为大规模标准生产技术体系。上个世纪末“发达国家的福特制生产方式将大规模标准生产技术体系已经完全标准化，经济全球化和发达国家从福特制向后福特制生产方式的转型，使大规模标准化生产技术的国际转移成为趋势”②。标准化生产技术体系与西方福特制生产方式相适应，在西方国家虽然已经成为不先进的技术，但在上个世纪末的我国，仍然数较先进技术，符合对备选技术的第一个要求；同时，由标准化生产技术体系所生产的产品在

① 界限值的条件描述跟式（2.4）和（2.5）类似，都是收益值的比较，因此不再赘述。

② 刘刚. 中国经济发展中“涌现”的现象及其发展模式的形成和演变［J］. 经济学家，2011（1）：27.

国际市场上仍然有市场需求，符合对备选技术的第二个要求。

其次，分析备选技术与劳动要素条件的契合度。根据前述分析，在技术的选择和采纳过程中，要素的禀赋条件是突破技术的进入壁垒和获取收益的关键因素。就其技术特征而言，标准化生产技术的进入壁垒不高，因该技术自工业革命以来经过长期的演化以及非常成熟，生产流程多依赖于机器工序设计而不是人员工艺，对劳动要素的素质要求偏低。由我国的农村劳动力流动所形成的农民工要素禀赋条件在数量、价格和质量方面均具有优势，特别是在数量和成本方面的优势能有效地突破标准生产技术采纳过程的进入壁垒。

基于上述两步工作，标准化生产技术成为代表性企业 A 对技术路径的初步选择①。

6. 劳动要素条件优势第三次转化：生产优势与生产方式界定

所谓生产方式，就是将要素条件与生产技术结合在一起进行的生产组织方式。在本文的第三章中涉及“勤劳革命”的生产方式对我国农村劳动力流动的影响以及对我国非农产业部门的劳动要素供给条件塑造所起的作用。在本章节将结合代表性企业 A 对生产方式的选择过程，进一步阐释要素供给条件与勤劳革命的生产方式以及本土化改造后生产技术完美契合，进而由条件优势转化为生产优势的过程。

（1）代表性企业对勤劳革命生产方式的选择

在具备生产要素与生产技术的前提下，代表性企业 A 接下来进行生产方式的选择。

企业所面临的生产方式基本可分为两种类型：一是资本密集的大机器生产方式，该种生产方式与大规模标准化生产技术相匹配；二是劳动密集的勤劳革命生产方式，该种生产方式与本土化改造后的标准生产技术相匹配。

代表性企业 A 会选择勤劳革命的生产方式。企业选择哪一种生产方式，

---

① 之所以是初步选择，是因为后续内容将涉及在我国特有的生产方式下利用劳动要素的人力资本特征对技术的改进问题，改进后的技术路径才是最终选择的产业路径。

决定性因素首先是其要素供给条件，这一条件决定企业是否具有生产优势；其次是历史文化传统的惯性使然。这两种因素勤劳革命的生产方式均具备。

所谓勤劳革命的生产方式强调对劳动要素的密集投入以提高资源的利用效率，进而增加产出量。以中国和日本为代表的东亚国家拥有勤劳革命生产方式的历史渊源。日本学者杉原熏（Sugihara Kaoru）等认为，在西方工业革命爆发前，东亚的勤劳革命形成了巨大的生产扩张，其规模超越了第一次工业革命，是人类第一次跨越“马尔萨斯人口陷阱”，是一个先于西方现代文明的人类发展成就。上个世纪中期以来，日本以劳动密集型生产模式为代表的工业化道路，继承了此前东亚经济中存在的“勤劳革命”基因，从而使东亚的工业化道路有别于西方的资源消耗型和高能源利用型发展模式，以较快的经济增长模式赶超西方。

目前我国不仅是这一生产方式的起源地，而且是这一生产方式在现代经济背景下再次“复兴”的中心。就现阶段而言，勤劳革命的生产方式存在一定程度上的历史局限性，主要表现在产量一定情况下劳动投入密集化导致劳动生产率的下降，因此“勤劳革命”生产方式的复兴重点在于发现并推广劳动力投入密集且能增大产出量的技术，以防止劳动生产率降低、并能提高自然资源的利用率。

所谓生产方式是将生产技术与带有一定禀赋条件的投入要素组合在一起进行生产的方式。我国企业借助“勤劳革命”的生产方式在将大规模标准化生产技术和劳动要素的禀赋条件初步组合的过程中很快就察觉，外部引来的标准化生产技术在表现出“机械化程度高、生产效率快速提升”的优点之外，也呈现出“水土不服”的症状：该技术的应用对劳动力的吸纳能力有限，不仅不能充分发挥劳动要素丰裕且成本低优势，而且与勤劳革命生产方式所强调的“密集投入劳动力”的根本特征相悖。

现代经济背景下勤劳革命方式的复兴与创新，跟外引技术的本土化改进工作同时进行，实际上表现为“勤劳革命”和工业革命的融合，在吸纳和应用技术时，将技术的特征改进为标准化和劳动密集化，甚至在规模化的道路上强调由小到大的渐进过程。本地化改进后的技术较改进前对劳动要素的技能要求提高，强调且能更好地发挥我国劳动要素人力资本特征中的自我管理能力，从而构建生产和产品优势。总之，我国代表性企业应用本地化改进的技术极大地降低了企业的生产成本、提高了生产效率、塑造了竞争优势，进而加速了资本积累的进程。

7. 劳动要素条件优势第四次转化：竞争优势与产业范式形成

产业范式的形成是解析我国经济增长微观机理的最后一步。当我们把经济增长的宏观机制进一步缩小为一个具有竞争优势和资本积累能力的产业或代表性企业的成长过程时，对其中的驱动力和作用机理就更能有一个清晰的认识。一言蔽之，产业范式的形成以技术路径的选择以及生产方式的界定为骨架，其有血有肉的内容则体现在要素条件和技术特征的契合过程以及产品生产与环境市场之间的互动过程。

拉奥（1983）在针对发展中国家如何形成独特优势的研究成果中提到与环境相关联的要素价格与质量问题。一国的要素禀赋条件的形成既与自然环境、历史文化传统相关，更与制度环境密切相关。我国农村劳动力流动在城乡分割的独特体制下形成非永久性流动和非对称性双向流动的特征，一并塑造了我国非农产业部门劳动要素的禀赋条件。在考察期内①，我国劳动要素的禀赋条件之中的数量条件和价格条件构成阶段性特色。

要素租金是如何实现的呢？按照平狄克的定义，经济租金指的是代表性企业对生产要素的应该支付超过该生产要素目前所得报酬的部分。企业对要素的支付是建立在要素贡献的基础之上的。我国的劳动要素条件在企业进步技术路径的选择过程中发挥了关键作用。如上文所述，在上个世纪末，代表性企业引进大规模标准化生产技术，其中在技术的采纳过程中借助要素禀赋条件首先突破技术进入壁垒，在技术的应用过程中又借助要素人力资本条件

① 粗略地讲，是我国30年的经济高速增长期，也可以认为是农村劳动力能够无限供给（刘易斯拐点前）的这一段时期。

开展技术本地化改进的创新活动。就整体而言，长期以来我国由农村劳动力流动所形成的劳动要素条件中的最大特色仍是低成本。要素禀赋条件中的其他条件如无限供给的数量条件，以及勤俭、自我管理的品质条件等为维系这一低成本特色——价格条件奠定了基础。这就意味着，我国劳动要素的期待报酬和实际所得报酬都较低。劳动要素对企业生产的贡献很大但所得报酬很低，其中的差异部分为要素租金，它往往体现为生产者剩余的形式。大量生产剩余的存在激励着的更多投资行为的发生，同时促进了社会总资本的积累。

8. 市场正反馈与代表性企业竞争优势构建及产业范式形成

跟报酬递增一样，经济学中的正反馈通常也被视为是竞争失衡的一种现象。本文认为，正反馈信号可视为特定时期环境和市场给予企业所生产产品的一种认可和奖赏。当把市场看作是一个理性的裁判员时，他不仅拥有裁判规则而且具备公正无私的态度。企业借助一定的生产方式，将具备一定禀赋条件的要素与生产技术结合，进行产品的生产，若生产方式、要素条件与技术特征之间相契合，生产出来的产品投放到市场相应会得到正反馈信号。

现在，代表性企业 A 是一种什么样的状况呢？他从要素市场得到了具备条件优势的生产要素；从技术市场获得标准生产技术、并利用人力资本对技术进行了本土化改进；他采用了“勤劳革命”的生产方式，将劳动要素禀赋条件与经过本土化改进的标准化技术结合在一起进行生产，结果生产出数量大、价格低廉、质量标准的产品，而这一类产品能够迎合这一时期国内和国际消费者对“物美价廉”的消费需求，国内和国际市场自然地给出了正反馈信号，因此代表性企业 A 成长为具有竞争优势的企业。市场为什么会给出正反馈信号？在此以逆向推演的方式进行分析。这一时期市场的裁判规制或消费特征是“物美价廉”的标准产品，符合这一规则才能得到正反馈信号；企业为什么能够生产出“物美价廉”的标准产品？因为采用劳动密集型的标准化生产技术；为什么能选择这一技术路径？因为具有较优越的劳动要素禀赋条件，有要素租金的存在；为什么会有较优越的劳动要素禀赋条件？其源头在于我国的农村劳动力流动特征。我国的农村劳动力流动具有基于户籍制度的非永久性的流动特征，这一特征在特定时期为工业企业带来丰厚的要素租金。要素租金将转化为企业的竞争优势，市场正反馈也可以视为企业所生产产品具有竞争优势的信号。因此，劳动要素条件在这一特定历史时期成为当之无愧的增长驱动力。

值得注意的是，来自环境的正反馈信号无疑会对代表性企业本身的生产和投资行为产生激励作用；与此同时，正反馈信号还发挥了集聚的作用，让越来越多的企业以同样的技术路径进入和被锁定，并形成路径依赖。伴随着代表性企业 A 的成功，采用劳动密集型和标准化的技术路径进行生产，逐步成为一种在经济体中占主导地位的产业模式，即一种能够实现经济增长的产业范式。

9. 我国要素驱动经济增长模式的特征

上述理论解析了特定阶段我国农村劳动力流动对经济增长的作用机理。本章节在研究上述问题时将时间界定为从 20 世纪 80 年代到刘易斯第一拐点之前的阶段，而这一时期是我国劳动力无限供给的时期，也是我国经济高速增长的阶段。

依据刘易斯的理论分析框架得知，我国特有的农村劳动力流动特征与轨迹为非农产业塑造了劳动要素供给条件，正是具备上述供给优势的劳动要素在我国经济的增长中发挥了关键作用。具体而言，要素条件的优势转化按照以下四个步骤进行：首先转化为“比较优势”让更多的生产者投资设厂造成投资的繁荣；其次在技术路径的初次选择中突破了技术进入壁垒；再次在技术本土化的改进和生产方式的界定中转化为生产优势；最后在获取市场正反馈和产业范式的形成中转化为竞争优势。表 2.3 对农村劳动力流动背景下我国要素驱动的经济增长模式特征作了简单的描述。

表 2.3　劳动力无限供给条件下我国要素驱动经济增长模式的特征描述

增长动力源	驱动力	技术路径	生产方式	资本积累方式
农村劳动力流动	以要素驱动为主	劳动密集型、标准化技术（含本土化改进）	勤劳革命生产方式	以要素租金为主

从表 2.3 中可以得知，我国经济保持 30 年高速增长的源头还是农村劳动力流动，在此基础上形成了具有中国特色的增长模式特征：要素驱动、勤劳革命的生产方式以及劳动密集型、标准化技术路径（含本土化改进）。本文认为，正是这些特色优势让中国经济保持 30 年旺盛增长的势头。

（二）“创造性毁灭”活动对我国经济增长所发挥的作用

1. 要素驱动经济增长模式下“创造性毁灭”活动的表现及其作用

如上文所述，在我国经济高速增长期经济增长的基本驱动力为要素条件，技术路径为标准化技术路径，但是我国对外引技术的采纳过程内含了“创造性毁灭”活动，即对外引技术进行了本土化改造。如何得出这一结论呢？下面将针对其中的逻辑进行诠释。

理论上讲，针对企业是否会陷入技术“锁定”的判定须考虑技术的应用阶段以及来源情境。按照上文的分析逻辑，技术路径的类型为收益不变或收益递减的时不会出现被锁定的现象。因为技术路径的锁定主要针对收益递增的技术，而收益递增的技术主要是新技术。若特定阶段其技术的主要来源为国外引进，外引的技术类型应属于多收益不变或收益递减。该类技术，如大规模标准化生产技术，若原汁原味地被我国企业引用进来的话，应该不会陷入“ 锁定”的陷阱。

事实上看，国内大量文献研究和现实考察结果得出我国产业（代表性企业）被“锁定”在某条技术路径上的结论（赵槐，2007；宗文，2011；刘英基，2013；胡国恒，2013；杨永利等，2014；黄海明，2015；郝凤霞等 2016；丁蕾等，2017）。理论与事实之间的差异悬殊，形成了“锁定”之谜。那么谜底到底是什么呢？

本书认为，谜底就是：企业在对待外引技术时，没有直接应用而是进行了本土化改进；而对外引技术的改进工作在实质上改变了技术的收益变化类型，使之具备了收益递增的特征；而收益递增的技术自然有可能被“锁定”。

所谓技术本土化或当地化的理论①（Localized Technological Capacities）来源于英国经济学家拉奥（Sanjaya Lall）。他在《新跨国公司：第三世界企业的发展》（1983）一书中，总结了发展中国家跨国公司的技术特征为规模小、使用标准化技术和劳动密集型技术，他认为这种技术的形成包含了企业内在的创新活动，而这种创新活动必然形成竞争优势。

基于此，代表性企业 A 是可能被锁定在他所选择的技术路径上的。因为他所选择路径的技术特征跟外来的大规模标准化生产技术之间存在着事实上的差异。原因是代表性企业 A 在技术采纳和应用时，通过劳动要素的创新性活动、按照我国的生产方式要求，将外引技术实行了本土化改进。这种本土化改造活动系“创造性毁灭”活动。这种在引进的同时又内含创新的活动使代表性企业所采纳的技术于事实上具备了一定的新技术特征，其技术收益变化的类型已从报酬不变或递减向特定时期的报酬递增发生改变，因而后期发生“低端锁定”是可能的，虽然在目前阶段还仅仅是“锁定”的问题。

特别要指出的是，在技术的本土化改进过程中，由企业主导所开展的“创造性毁灭”活动，其中劳动要素的人力资本特征发挥了重要作用，而“勤劳革命”的生产方式则为技术的本土化改进提供了创新平台。

技术的本土化理论来源于英国经济学家拉奥对发展中国家的跨国公司的考察结果。拉奥的研究虽是建立在对印度跨国企业考察的基础之上的，但是我国作为最大的发展中国家，在技术本土化创新的道路上走得更远更长。因为与印度相比，我国具有两大优势：东亚特有的勤劳革命生产方式，以及由本国特殊体制下农村劳动力流动所形成的较高素质的劳动要素。

---

① Atkinson 与 Stiglitz 在“技术进步的新视角”（1969）一文中曾提及“干中学的当地化”问题。

特别要指出的是，改进生产技术，正如拉奥所强调的，是一项“企业内在的创新活动”，多由工匠、技师或工程师完成①，该群体在创新活动中所起的作用已经被18世纪欧洲的工业革命成果所证明。我国由农村劳动力流动所形成的劳动要素禀赋条件中，包含人力资本特征，由勤俭、自我管理能力和受教育程度构成。具体而言，在非农产业中就业的农民工群体中不乏能工巧匠，由其人力资本特征综合表现出的较高素质和较高能力为企业完成技术的本土化改进任务提供可能。换言之，技术本地化改进中的创新力度与效果跟劳动要素的人力资本条件好坏密切相关。

在世界范围内，我国企业所开展的“创造性毁灭”活动成为经济高速增长的来源之一，是要素驱动增长模式的鲜明特征之一。“创造性毁灭”活动的主导者是企业，但在企业家们的管理和发动下，劳动要素的人力资本特征于其中发挥重要作用。现将中国和世界上其他发展中国家（以印度为例）的相关数据进行比较。印度跟中国，同属于发展中大国，同样具有充足供应和较低成本的农村劳动力；特别是依据拉奥的调研结果，印度在产业技术路径的选择时同样对外来技术进行过本土化改进。跟我国同期相比，印度由其农村劳动力流动所形成的非农产业的劳动要素整体水平不如中国，特别是其人力资本特征不如中国鲜明。本文认为上述原因是导致其竞争优势较我国弱化，经济增长速度落后于我国的主要原因。首先，以人力资本特征中容易量化的指标——受教育程度为例，对中印两国进行比较。根据联合国教科文组织的数据显示，截至1993年，印度初等教育净入学率为66.3%，成人识字率为52.1%；截至2010年，印度6—14周岁的儿童入学率为85%，实际的高年级小学入学率不足60%。而在我国，每个年轻人都依法接受九年义务教育，截至1993年，初等教育净入学率为100%，成人识字率为73.3%；截至2010年，中国人均受教育年限为7.5年，女性识字率为99%，小学入学率达到99.8%，具有高中以上文化程度的人口占全部人口的五分之一。其次，将中

① 多为干中学效应所致。

印两国在此期间的经济增长的总量指标和人均指标进行比较，见图 2.3 和图 2.4。

图 2.3 是 1980—2016 年中国和印度的经济总量比较。从图中可以看出，两个国家在 30 多年里经济均保持增长态势，但是在速率方面存在差别。与印度相比，1980 年之后的中国经济增长呈现出明显的加速趋势。中印 GDP 之间的比例从 1980 年的 1.256∶1 提升至 2016 年的 3.856∶1，中印经济总量从大致相当发展为完全不同的两个量级。

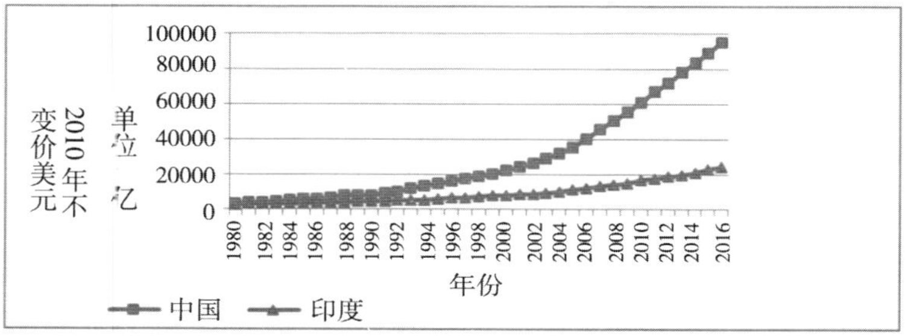

图 2.3　中国和印度 GDP 比较（1980—2016，2010 年不变价美元）

数据来源：世界银行数据库：http：//databank. shihang. org/data/home. aspx.

仅以总量指标也许还不足以有说服力，接下来将以人均 GDP 指标进一步来说明问题。请见图 2.4。

图 2.4 实际上包括两个图，它们分别涵盖了中国和印度自 1980—1992 年，1992—2016 年间的人均 GDP 数值及其变化情况。从图中可以看出，较经济总量指标，两国经济的增速差异更为明显的是人均 GDP 水平。1980 年中国人均 GDP 还明显低于印度，此后，随着新时代“勤劳革命”的到来，以及中国计划生育政策的影响，中国出现 GDP 增长加速和人口增长减速的趋势，导致人均 GDP 水平迅速反超，1983 年超过印度，并很快拉开差距。到 2016 年，按 2010 年不变价美元计算，中国人均 GDP 水平已经是印度的 3.7 倍。1980—2016 年中国人均 GDP 以每年 8.65% 的速度增长，印度每年平均增速仅为 4.44%——按此速度，印度人均 GDP 要达到中国 2016 年的水平需再经历 30 年，也可以说，印度的人均 GDP 水平已落后于中国 30 年。

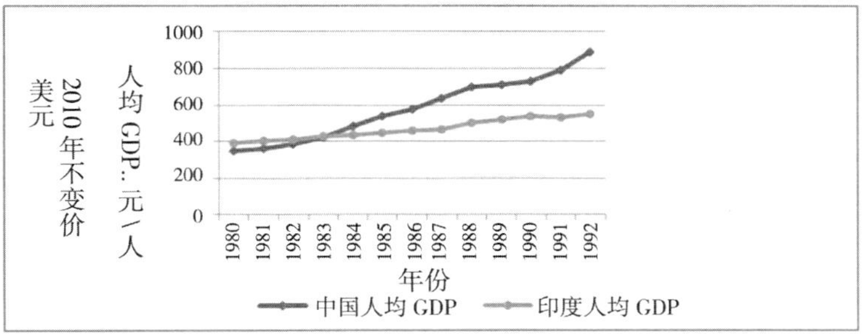

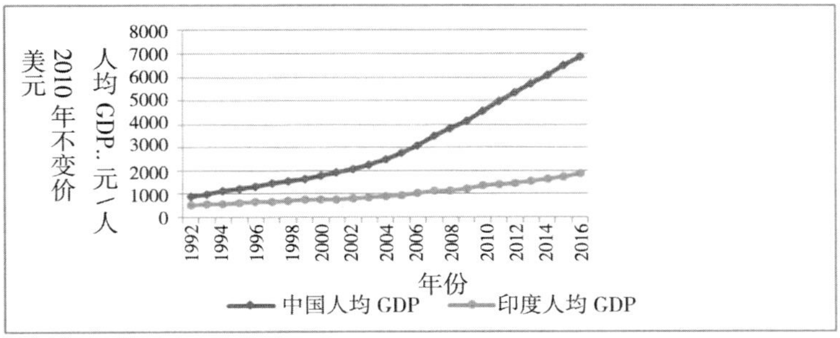

图 2.4 中国和印度人均 GDP 比较（1980—1992，1992—2016，2010 年不变价美元）

数据来源：世界银行数据库：http：//databank. shihang. org/data/home. aspx.

综上，自改革开放以来我国采用的是与现代经济背景相适应的“勤劳革命”的生产方式，是对旧的生产方式的继承和创新；伴随着“勤劳革命”生产方式的复兴的是对我国产业的技术路径的本地化改进。这是经济增长产业范式形成的最关键的两步，也是产业竞争力塑造的重要过程。其中劳动要素条件的驱动作用非常明显，特别是具有人力资本特征的劳动要素不仅在生产中能够提升劳动效率、降低企业管理成本，而且在复兴勤劳革命的生产方式、创新经济增长的技术路径的过程中做出重要贡献。这一特征的存在也使这一时期我国经济增长模式的驱动力出现新特征：虽以要素驱动为主，但也是内含“创造性毁灭”活动。

2. 新时代背景下创新驱动经济模式下“创造性毁灭”活动的重要作用

目前我国所处时代为习近平新时代，经济所处的阶段为新常态阶段。目前我国经济社会所处的阶段是过渡阶段。这一性质界定了经济增长模式的发展阶段以及农村劳动力流动的社会发展阶段。

具有我国特色的经济增长模式——内含“创造性毁灭”活动的要素驱动经济增长模式，曾经在经济高速增长期发挥了关键的作用。参照生命周期理论，可以把“内含创新活动”的要素驱动经济增长模式划分为三个阶段：奏效阶段（要素条件满足且有大的比较优势、市场给以全面的正反馈）、半奏效阶段（要素条件基本满足且比较优势式微、局部市场给以正反馈）、失效阶段（要素条件比较优势消失、市场正反馈完全消失）。就我国的劳动要素条件与经济模式的契合关系表现特征以及市场的反馈情况而言，目前尚处于第二个阶段——半奏效阶段，但是正在向第三阶段演化，一个极具挑战性的阶段在这一阶段我国的要素供给条件，特别是农村劳动力供给条件发生了很大的变化，相应的产业的供给优势发生了变化。

刘易斯—费—拉尼斯（LRF）模型（1964）中将农村劳动力的流动到城市非农产业的过程分为三个阶段：第一个阶段的特点是农村劳动力绝对剩余，农村存在显性失业，对非农产业而言是农村劳动力能够在固定的低工资水平上无限供给。这一阶段也被称为刘易斯第一拐点前的阶段；第二个阶段的特点为农村劳动力仍有剩余，农村存在隐性失业，非农产业的企业须在提升工资的前提下才能雇佣到农村劳动力，农业的边际生产率逐步上升，但城乡工资仍存在差异，农村劳动力对非农产业提供有限供给。这一阶段被称为刘易斯第一拐点后和第二拐点前的阶段；第三个阶段的特点是农村已没有剩余的劳动力，农业的边际生产率等于社会平均收入，城乡工资差异基本消失，二元经济向一元经济转化。这一阶段可称之为刘易斯第二拐点后的阶段。我国目前所处的经济阶段基本处于第二阶段，即农村劳动力的有限供给阶段。在这一阶段，城乡工资差异仍然显著，农村劳动力流动轨迹包括从农村流往城市的主要轨迹以及逆向“回流”的次要轨迹。在这一阶段劳动要素的供给条件转化为：相对丰裕、相对低成本、相对年轻，教育、勤俭和自我管理能力。在这些条件中，数量条件、价格条件与年龄条件属于不可持续的供给条件，由其带来的比较优势呈动态演化过程中；而表示劳动要素人力资本特征的那三个条件——教育、勤俭和自我管理能力则属于可持续的且能够逐步增强的条件。这一阶段较劳动力无限供给的阶段，我国劳动要素供给条件的最大变化是成本优势的逐渐降低，但是质量优势正在逐步地增强。

（1）新时代经济背景分析

要素驱动经济增长模式的一般逻辑是：要素条件与技术路径的契合得到市场规则的认可和奖赏，得以正反馈信号，进而形成路径依赖。这样的一个机制与约翰·霍兰德（1999）所提出的“涌现机制”有类似之处：“就是大量自治性个体在环境刺激下，共同装载某些相同的行为规则，通过行为规则中的反馈作用，生成某种宏观上的有序现象。”① 除“涌现”之外，现代系统科学中还有一个基本的概念那就是演化。何谓演化？“所谓演化，是由于系统在内外因素的影响下产生了主体之间以及系统与环境之间新的行为规则和新的行为战略，它们在由主体构成的关系网络中蔓延传播，从而导致原有系统稳态的瓦解、分岔或变迁，并最终导致系统的彻底崩溃或导致新的系统稳态的诞生。”② 如果说我国要素驱动的经济增长模式引致30年经济的高速增长是一个涌现现象的话，那么目前经济新常态下的经济增长则呈现为一个演化问题。因为内外因素的演化和环境、市场规则的变迁同时发生，系统原有的秩序遭受大的冲击，其未来的发展动向具有不确定性和复杂性。

在本章的上一部分，我们谈到了贝恩·阿瑟关于锁定和路径依赖的思想③。我国自改革开放以来采纳的技术大体以国外成熟的标准化技术为基础并加以本土化的改造。技术的本土化改造是我国来自企业内部的创新活动，它改变了技术的收益变化规律，使之成为收益递增的技术；代表性企业一旦

---

① 屈强，何新华，刘中晅. 系统涌现的要素和动力学机制［J］. 系统科学学报，2017（08）：27.

② 龚小庆. 经济系统涌现和演化——复杂性科学的观点［J］. 财经论丛（浙江财经学院学报），2004（10）：12.

③ 我国产业技术路径可能被“低端锁定”的问题早在经济高速增长期间就被学者们未雨绸缪提出，因此在本章节前面部分就有所涉及，但主要是为了说明报酬递增技术的来源，本文认为“低端锁定”的问题主要发生在经济新常态阶段。特此说明。

选择了某项技术路径，获得环境的正反馈信号，其利润回报会吸引更多的企业进入，技术在多次被使用之后会得到强化和改进，增加使用者的收益。采纳这一技术路径进行生产的企业在其数量急剧增加达到一定规模时，该生产模式将逐步演化成为一个经济体中的占主导地位的产业范式，代表着整个经济体的竞争优势与竞争地位。一个经济体在其产业范式中确定了某条技术路径，因为惯性、高退出壁垒、制度刚性等多种原因容易被锁定，我国也不例外。我国的产业基本上选择了劳动密集型、标准化的生产技术，这条技术路径曾经几十年承载着我国劳动要素的比较优势和企业的竞争优势，选择这一路径成为多数企业的一种习惯。基于此，代表性企业既然可能被锁定在单一技术路径上，那么这条路径还是不是一条相对先进的技术路径呢？答案是否定的。技术本身具有日新月异的变化规律，新技术很快就会被淘汰而成为落后的技术。以我国普遍引用的大规模标准化生产技术为例，在上个世纪末从发达国家引用过来的时候，它对发达国家来说就是相对落后的技术，只是当时对我国的企业而言还是较新的技术。但是技术新旧程度的判定更多的是与国家的发展水平相关，我国经过 30 多年的高速增长，已经成为中等收入国家和发展中国家的佼佼者；原先较先进的技术现今已经是较落后的技术，如果陷入这一技术路径上不能自拔，就可谓被“低端锁定”。

市场被视为一个称职的裁判员，他按照裁判规则秉公行事。在经济发展的现阶段，裁判规则较以前已经发生了改变。因为市场环境已经发生了改变。市场给予的正反馈信号起码具有两层含义：一是企业生产了符合消费特征的产品；企业在供应上述符合要求的产品时表现出比同行更大的竞争优势。何谓市场？根据阿林·杨格的观点，市场指的是市场规模或者购买力，是由交易联系到一起的生产活动总和。市场规则中非常重要的是需求规则，更多地反映为特定时期的消费偏好，当消费以“物美价廉”为偏好，消费者并不介意较大范围的产品趋同时，市场会表现出对规模生产的标准化产品的正反馈。目前的世界环境中的消费规则是什么？技术生产与市场需求将如何协调？市场经济发达的国家的做法给以启示作用：后福特主义生产方式与追求品质化、个性化、差异化的消费格局始终为保持一致的。因此市场规则业已改变，由“品质化、个性化、差异化”已成为新的裁判规则。再回到阿林·杨格（1928）的观点，对市场范围与规模进行界定。我国在经济高速增长期，以国际市场为主要目标市场以发展外向型经济，对国内市场甚至以国际市场较低的标准进行产品供应，国内市场在很大程度上对产品存货起了缓冲作用。而在目前，随着国内中等收入消费群体的增加，国内市场逐步转化为主要的目标市场，国内市场的消费特征和规则成为企业市场调研活动的重心。跟国际市场相比，国内市场的消费特征一方面具有与国际市场有趋同的地方，但另一方面具有其独特的消费习惯，但即便如此，完全统一化和标准化的产品生产习惯已经逐渐不能得到国内市场和发达国家市场的正反馈信号。

总之，在经济新常态下，我国要素驱动经济增长模式下的产业范式面临着严峻的挑战：目标市场重心转移，市场裁判的规则改变，技术路径和相应的产业模式却被“锁定”而缺乏变化；最重要的驱动因素和资本积累的来源—要素的条件供给发生改变，原先的生产优势和竞争已逐步缩小，要素与原有生产技术之间的“默契”已被打破，所生产的产品正逐步丧失市场的正反馈信号。维系我国经济高增长的要素驱动模式在经济新常态下已经步履维艰。

（2）“创造性毁灭”活动在现阶段创新驱动增长模式下的工作重点

现阶段我国经济新增长点的发掘工作应从寻找增长新的驱动力着手。从以上的分析可以得知，要素供给条件已经不能充当经济增长的直接驱动力。即便利用原有技术生产的产品仍有部分市场，但变化的要素条件与原技术特征已经不能完全契合。其中的解决方法是构建要素条件与技术路径之间的新契合关系，而且这种关系还必须符合市场新规则的要求。在这种情况下，显然需要由“创造性毁灭”活动发挥整体创新的作用才能够解决问题。直接的驱动力表现技术的创新，相应的增长模式应称之为创新驱动的经济增长模式。

现阶段的“创造性毁灭”活动的内容包括：第一是解决“低端锁定”的问题。目前不少企业仍陷入在“低端锁定”之中，如何才能从困境中走出？第二是解决新的技术路径问题，以构建新的产业范式。针对第一步工作，唯有企业家才具备这种“突围”的能力。具体而言，由企业家按照利润最大化的要求，组织具有可持续性的、人力资本特征的劳动要素进行“干中学”的生产研发一体化工作才能使企业逐步脱离低端锁定的技术路径；针对第二步工作，鉴于国际上对新技术封锁的现状，市场上的可用技术不多，更多的要靠自身研发，这对社会整体的“创造性毁灭”能力提出了高的要求。

必须看到，实现创新驱动的经济增长不是一蹴而就的工作，因为人力资本的存量和质量积累以及“创造性毁灭”引发效应需要较长的发酵期才能实现，须充分利用社会经济发展的阶段优势，培养具有创新和冒险精神的企业家，并且不断加强劳动要素人力资本特征的建设。我国目前所处社会发展阶段实际上是一个过渡阶段，是由发展中国家转变为发达国家的关键阶段，在这一阶段要完成以要素条件的积累以实现资本积累的历史任务；同时这一阶段属于由刘易斯第一拐点过渡到第二拐点的阶段；这一阶段也属于农村劳动力流动和转移的最后阶段，由社会二元经济向一元经济过渡的阶段。过渡阶段正是实现积累以待蓄势而发的时期。

针对如何由“创造性毁灭”活动获得新的技术路径，本书有如下两条构想。第一条构想：继续鼓励投资，不断壮大企业家队伍，不断增加小微企业的数量和规模。我国由农村劳动力流动所形成的要素供给条件在价格和数量方面的比较优势，虽然式微但仍尚存，由劳动密集型、标准化的生产技术路径生产出来的产品，在我国的邻近国家以及经济欠发达地区仍然有市场①，建议由我国经济最活跃的小微企业在一定时期内继续维持在上述国家的市场份额，以实现其资本积累。但是必须看到，即便如此，小微企业维系这一技术路径也是暂时的，原因一方面是因为价格和数量方面的价格和优势条件最终会消失；另一方面原因更为重要：该技术路径仍然包含着持续的内部创新活动，一旦由内部创新活动积累的技术含量超过原先引进技术的技术含量，“创造性毁灭”的效果会出现——一条新的、与我国要素条件相契合的技术

① 这一点符合拉奥的发展中国家优势构建的逻辑和考察结果。

路径相应会产生。

第二条构想：将代表性企业的主要目标市场转移到国内，在洞察国内市场规则的基础上，充分利用我国的要素条件来研发具有中国特色的技术路径，例如在技术的设计中可以追求规模经济与差异化并存的工艺特征，可以强化精工细作和个性化等等。与此同时，我国劳动要素的人力资本特征可以借助宏观和微观两个层面的制度加以进一步强化。尤其，在微观领域内，在具有创新与冒险精神的企业家的引导下强调在技术研发中大力提倡“干中学”的路径，鼓励劳动要素充分发挥其工匠精神。借助这一技术路径生产出来的产品不会存在“水土不服”的问题，技术的研发和产品的生产预先与市场规则对接，由新技术将引致垄断租金产生，更易得到来自环境的正反馈，从而促进新的产业范式的形成。值得注意的是，这并不是一个“关起门来搞建设”的构想。因为在国际化发展的现阶段，国内的市场需求法则跟国外的潮流存在很大的趋同性；与此同时我国的国际地位正逐年提升，中国特色在世界上将获得越来越多的认同感，来自国内市场的正反馈最终也会得到国际市场的正反馈。

3.“创造性毁灭”活动对我国经济增长的作用效应测度与分析

如上文所述，自上个世纪末我国进行改革开放以来，企业所采纳的生产技术一方面靠自己研发，另一方面依靠引进外来技术。因我国当时企业整体技术水平低而同时研发能力提升需要较长的周期，所以外引技术在特定时期成为企业的常规做法。标准化生产技术体系与西方福特制生产方式相适应，在西方国家虽然已经成为不先进的技术，但在上个世纪末的我国，仍然属于较先进技术。我国企业在采纳和使用外来技术时，并不是一味地奉行“拿来主义”，而是通过劳动要素的创新性活动、按照我国的生产方式要求，将外引技术实行了本土化改进。这种在引进的同时又内含创新的活动使企业所采纳的技术于事实上具备了一定的新技术特征，其技术收益变化的类型已从报酬不变或递减向特定时期的报酬递增发生改变。

本书认为，自上个世纪末以来，我国企业在经济高速增长时期所普遍进行的对外引技术本土化改进活动系“创造性毁灭”活动，期间发挥“创造性毁灭”的企业家精神。因为其中既内含了创新活动又包括了对旧技术的淘汰和新技术的扬弃。

（1）假设：纯技术进步效应近似等于“创造性毁灭”影响经济增长的效应

自 Sollow（1957）以来，学术界在衡量经济增长（产出）的技术进步效应往往借助全要素增长率这一指标。尽管如此，多数学者认为，当全要素生产率增长率以经济增长率剔除要素贡献之后的余值形式加以体现时，它应该包含了技术进步贡献之外的其它因素，例如伍山林（2016）的增长源分析框架中认为，除技术进步因素外，要素的再配置效应也属于全要素生产率（TFP）增长率的组成部分。本书假设引起经济增长的“创造性毁灭”效应近似为纯技术进步效应，计算方法为 TFP 增长率减去由产业结构调整引起的要素再配置效应。

（2）模型构建①

以往的文献鲜有将农村劳动力流动、各投入要素以及产业结构变动对经济增长的贡献融入同一个理论分析框架之内，本文借鉴 Massell（1961）与伍山林（2016）增长源分析模式与方法，构建综合分析框架。

假设农业部门的生产要素投入包括农业土地 T、农业劳动 L_a 和农业资本 K_a；非农部门投入的生产要素包括农民工劳动 L_n、市民劳动 L_c 以及资本 K_n。农业劳动 L_a 和民工劳动 L_n（合称为农村劳动力总量 L_r）全部由农村劳动力提供。即有：$L_r = L_a + L_n, K = K_a + K_n$。

假设农业部门生产函数 Y_a、非农部门的生产函数 Y_n 以及整体经济的生产函数 Y 皆为希克斯中性和一次齐次的，如下：

① 部分内容参考作者本人 2017 年 11 月发表在《数量经济技术经济研究》期刊上文章《产业结构变迁中的“逆库兹涅茨化”效应测量及分析》一文。

$$\begin{cases} Y_a = A_a F_a(T, L_a, K_a) \\ Y_n = A_n F_n(L_c, L_n, K_n) \\ Y = AF(T, L_r, L_c, K) = Y_a + Y_n \end{cases} \tag{2.6}$$

则有：

$$\frac{Y^{\&}}{Y} = \frac{Y_a}{Y}\frac{Y_a^{\&}}{Y_a} + \frac{Y_n}{Y}\frac{Y_n^{\&}}{Y_n} \tag{2.7}$$

进一步地，用β_x代表投入要素(x)的产出弹性，那么农业部门、非农业部门以及整体经济的增长率分别写为：

$$\frac{Y_a^{\&}}{Y_a} = \frac{A_a^{\&}}{A_a} + \left[\beta_{Ta}\frac{T^{\&}}{T} + \beta_{Ta}\frac{L_a^{\&}}{L_a} + \beta_{Ta}\frac{K_a^{\&}}{K_a}\right] \tag{2.8}$$

$$\frac{Y_n^{\&}}{Y_n} = \frac{A_n^{\&}}{A_n} + \left[\beta_{Lc}\frac{l_c^{\&}}{T_c} + \beta_{Ln}\frac{L_n^{\&}}{L_n} + \beta_{Kn}\frac{K_n^{\&}}{K_n}\right] \tag{2.9}$$

$$\frac{Y^{\&}}{Y} = \frac{A^{\&}}{A} + \left[\beta_T\frac{T^{\&}}{T} + \beta_{Lc}\frac{L_c^{\&}}{L_c} + \beta_{Lr}\frac{l_r^{\&}}{l_r} + \beta_K\frac{K^{\&}}{K}\right] \tag{2.10}$$

现作出以下定义：

$$\begin{cases} y_a \equiv \dfrac{Y_a}{Y}, y_n \equiv \dfrac{Y_n}{Y} \\ l_a \equiv \dfrac{L_a}{L_r}, l_n \equiv \dfrac{L_n}{L_r} \\ k_a \equiv \dfrac{K_a}{K}, k_n \equiv \dfrac{K_n}{K} \end{cases} \tag{2.11}$$

在上述定义中，(y_a,y_n)表示产出结构，(l_a,l_n)表示劳动结构，(k_a,k_n)表示资本结构。

由式(2.11)进一步可以得到：

$$
\begin{cases}
\frac{L_a^{\&}}{L_a} = \frac{l_a^{\&}}{l_a} + \frac{L_r^{\&}}{L_r} \\
\frac{L_n^{\&}}{L_n} = \frac{l_n^{\&}}{l_n} + \frac{L_r^{\&}}{L_r} \\
\frac{K_a^{\&}}{K_a} = \frac{k_a^{\&}}{k_a} + \frac{K^{\&}}{K} \\
\frac{K_n^{\&}}{K_n} = \frac{k_n^{\&}}{k_n} + \frac{K^{\&}}{K}
\end{cases}
\tag{2.12}
$$

把式(2.8)(2.9)(2.11)(2.12)均带入式(2.7)中：

$$
\begin{aligned}
\frac{Y^{\&}}{Y} &= y_a \frac{A_a^{\&}}{A_a} + y_n \frac{A_n^{\&}}{A_n} \\
&+ y_a\beta_{La} \frac{l_a^{\&}}{l_a} + y_n\beta_{Ln} \frac{l_n^{\&}}{l_n^{\&}} + y_a\beta_{Ka} \frac{k_a^{\&}}{k_a} + y_n\beta_{Kn} \frac{k_n^{\&}}{k_n} \\
&+ y_a\beta_{Ta} \frac{T^{\&}}{T_t} + (y_a\beta_{La} + y_n\beta_{Ln}) \frac{L_r^{\&}}{L_r} + y_n\beta_{Lc} \frac{L_c^{\&}}{L_c} + (y_a\beta_{ka} + y_n\beta_{kn}) \frac{K^{\&}}{K}
\end{aligned}
\tag{2.13}
$$

其中：

$$
\begin{cases}
\beta_T = y_a\beta_{Ta} \\
\beta_{Lc} = \beta_{Ln} \\
\beta_{Lr} = y_a \\
\beta_{La} + y_n\beta_{Ln} \\
\beta_K = y_a\beta_{Ka} + y_n\beta_{Kn}
\end{cases}
\tag{2.14}
$$

通过式(2.13)可以分解和考察构成经济增长的各个组成部分。首先得知，经济增长可归因于两个方面的原因，一个是全要素生产率（*TFP*）的增长；另一个是要素条件的量效应，即土地、劳动与资本三要素投入量的变化所引起经济增长率的变化。接下来，进一步将公式(2.13)继续分解以便于分析问题。

首先，全要素 *TFP* 生产率的增长由以下两部分构成：一个是农业部门与非农部门由于技术进步等原因导致的全要素生产率增长的加权和：$y_a \frac{A_a^{\&}}{A_a} + y_n \frac{A_n^{\&}}{A_n}$；另一个是农业部门与非农部门因劳动与资本投入结构的变化而引致的经济增长贡献，称之为总再配置效应 TRE，表示为：

$$TRE = y_a\beta_{La}\frac{l_a^{\&}}{l_a} + y_n\beta_{Ln}\frac{l_n^{\&}}{l_n} + y_a\beta_{Ka}\frac{k_a^{\&}}{k_a} + y_n\beta_{Kn}\frac{k_n^{\&}}{k_n} \tag{2.15}$$

“创造性毁灭”对经济增长效应的具体公式表示为：

$$\frac{A^{\&}}{A} = \frac{TFP^{\&}}{TFP} - \left(y_a\beta_{La}\frac{dl_a}{l_a dt} + y_n\beta_{Ln}\frac{dl_n}{l_n dt} + y_a\beta_{Ka}\frac{dk_a}{k_a dt} + y_n\beta_{Kn}\frac{dk_n}{k_n dt}\right) \tag{2.16}$$

（3）数据来源及处理

针对经济总体和各大产业的产出数据，在此以经济总体和各产业不变价格的国内生产总值作为衡量产出及经济增长的基本指标，以 1986 年为基期。

针对投入要素数据选择，有以下三种作法：

第一，借鉴 Chow（1993）、伍山林（2016）等做法以农作物播种面积为农业土地 T 变量数据；

第二，借鉴张健华、王鹏（2012）以及鲁晓东、连玉君（2012）等经验做法，在衡量劳动投入时选用统计年鉴中历年的“按三次产业分就业人员数（年底数）”① 作为指标，就业人员数据来自于历年统计年鉴的“按三次产业分就业人员数（年底数）”。其中农业劳动 L_a 为第一产业（农林牧渔）从业数据，农民工劳动 L_n 的数据采用国家统计局调查数据②。市民劳动 L_c 的数据以非农产业就业数据（第二、第三产业就业数据）扣减去农民工数据可得；

第三，测算资本存量的方法采用了永续盘存法，并借鉴李仁君（2010）所采用的方法，固定资产投资数据来自于历年统计年鉴中我国“总体及按三次产业划分的固定资产投资”。

为了更直观地反映上述数据来源情况，本文特将数据来源及说明列成简表，见下表 2.4。

---

① 国家统计局在 1990 年以后的就业人员是根据第五次全国人口普查资料及历年劳动力调查资料推算的，统计数据口径的调整导致 1990 年劳动力相比与 1989 年有比较大的提高，导致 1990 年的相关测算数据与实际增长数据存在较大差距，因为这并不影响本文整体的分析，文章中并没有对就业数据进行调整。

② 详见中国人民大学书报资料中心《中国农民工现状及其发展趋势总报告》（经济类 2009）以及《全国农民工检测调查报告》，以均值填补法补充个别缺失年份的数据。

表 2.4　数据来源及说明简表

名称	具体类别	数据说明	数据来源
投入要素数据	农业土地	以农作物播种面积为变量数据	国家统计局网站
	劳动	1）按三次产业分就业人员数（年底数） 2）农业劳动数据为第一产业从业数据 3）农民工劳动数据采用国家统计局调查数据 * 4）市民劳动数据为非农产业就业数据扣减农民工数据后得	历年统计年鉴/国家统计局调查数据 *
		5）各类劳动力的受教育程度，以受教育年限为度量指标，等级分为文盲与半文盲、小学、初中、高中（中专）和大专以上五个等级受教育年限分别设定为 1、6 、9 、12 和 15.5 年① 6）各类劳动力的年龄结构，按 16 – 20 岁、21 – 30 岁、31 – 40 岁、41 – 50 岁以及 50 岁以上分为五个等级，分别赋值 8、10、10、6、4	1986—1995 年来自王自营（2001）数据，1996—2015 年来自中国劳动统计年鉴 *
	资本	总体及按三次产业划分的固定资产投资数据，用永续盘存法核算资本存量	历年统计年鉴
GDP 数据	经济总量/分产业	不变价格 GDP，以 1986 年为基期	国家统计局网站

注：* 农民工数据 1986—2007 年见中国人民大学书报资料中心《中国农民工现状及其发展趋势总报告》（经济类 2009），2008—2014 年数据来自统计局发布历年《全国农民工检测调查报告》。

* 因 1985—1995 年劳动统计年鉴中的劳动力教育程度与年龄结构的相关数据缺失，所以从 1996 年进行采集，其间 2001 年统计年鉴相关数据缺失，采用均值法补全。

针对投入要素收入份额的核算，首先，对农业部门的要素收入份额（产出弹性）（β_{Ta}，β_{La}。β_{Ka}）采用回归法计算结果②如下：

$$Ln(Y_a/L_a) = -1.6466 + 0.3463 * Ln(T/L_a) + 0.2635 * Ln(K_a/L_a) \quad (2.17)$$

$$(-7.8581^{**}) \quad (3.0781^{**}) \quad (20.4115^{**})$$

$$R^2 = 0.9899, F = 1274.917$$

① 为保证样本期间的劳动力受教育年限数据纵向可比性，1996 年以来有统计明细的大专以上等级受教育年限统一按 15.5 处理。

② 括号内数字为 t 值，显著水平为 5%。

因此，(β_{Ta}，β_{La}。β_{Ka}) 的取值分别为(0.3463，0.3902，0.2635)。

然后，非农产业整体以及工业与服务业各自的资本、劳动产出弹性的确定。本文借鉴刘伟（2008）的计算方法，采用比值法计算要素产出弹性，利用全国投入产出表（从1987年到2012年的10张表）中的收入法国内生产总值相关数据，计算经济总体和各个产业的资本、劳动的产出弹性①。劳动的产出弹性计算结果见下图2.5。

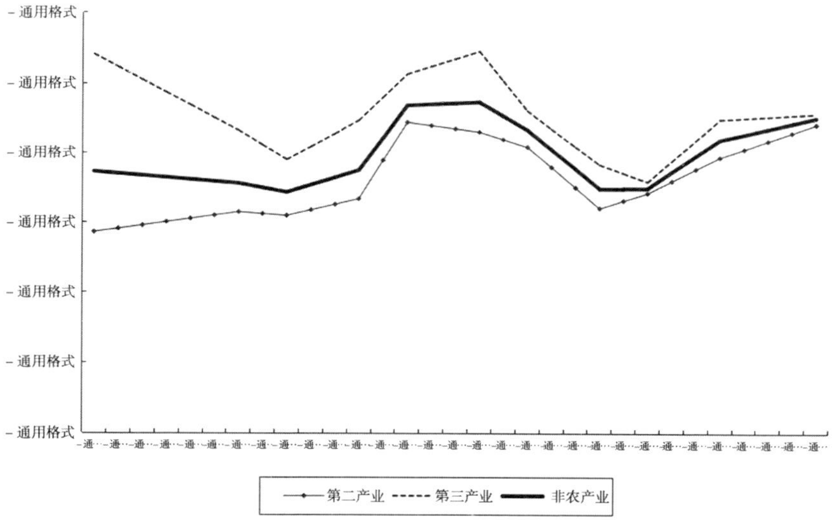

图2.5　1984—2014年非农产业以及工业与服务业各自的劳动产出弹性计算结果

借助图2.5中的结果，我们得到劳动要素的产出弹性。在此基础上，根据先前的模型假设条件（生产函数皆为希克斯中性和一次齐次）很容易得出资本的产出弹性数值。

（4）测算结果及分析

依据综合分析框架和上述公式，在此测算出1986—2014年的全要素生产率（TFP）增长率、劳动与资本在农业与非农产业间的再配置效应。计算结果请见表2.5。

① 投入产出表只统计个别年份的数据，因此本文利用均值填补法对缺失年份的资本、劳动产出弹性数据进行计算。

全要素生产率是与经济增长质量密切相关的指标。从综合分析框架中可以看出，产业结构的变迁所导致劳动与资本的再配置效应本身就是全要素生产率增长率的重要构成部分。图 2. 6 的数据表明了我国全要素生产率增长率的多年变动趋势，为便于比较研究，将本文测算出的 TFP 增长率结果，与国内 2016 年的两篇发表在权威刊物（伍山林，《经济研究》；李翔，《统计研究》）上文献的测算结果均纳入图中。从中可以看出，本文测算的 TFP 增长率与伍山林、李翔等测算出来的结果有相似的阶段性变化规律，即从上个世纪 80 年代起先升后降，到 1990 年跌落到最低谷，既而呈现出 1992 年之后的稳定增长，再到 2008 年金融危机后的迅速跌落。

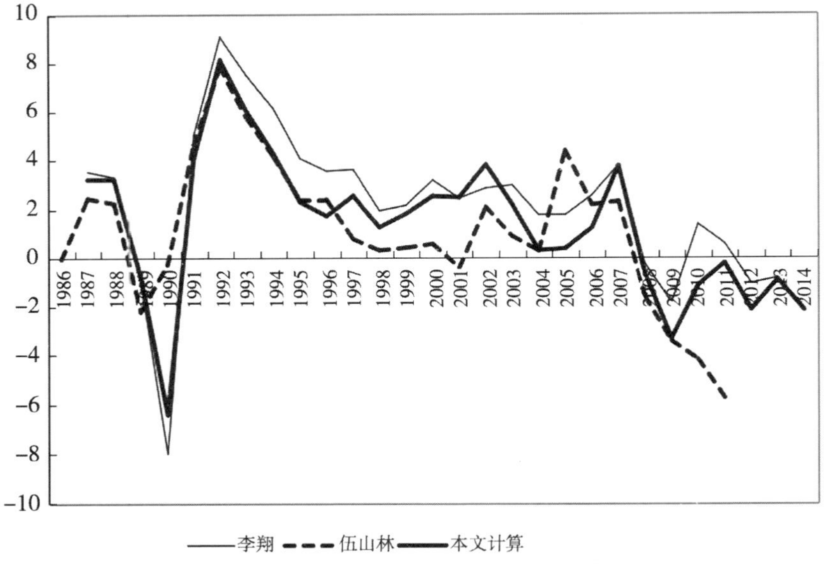

图 2. 6　1986—2014 年期间全要素生产率增长率变化

从图 2. 6 中，近年来我国全要素生产率的增长率变化趋势在样本期间呈现出较大的波动。尤其值得注意的是，近年来该数值变化并没有表明趋稳的迹象。鉴于全要素生产率是与经济增长潜力、增长质量密切相关的指标，尤其体现一个经济体整体的创新能力，且该能力与本书的主题——“创造性毁灭”息息相关，对其的进一步考察非常有必要。

在此基础上，根据公式（2.16）进一步核算出“创造性毁灭”活动对我国经济增长的具体效应。

表2.5列出了样本期间TFP增长率、资本与劳动的再配置效应，以及经过计算近似得出的“创造性毁灭”对经济增长的效应。

表2.5 全要素生产率增长率、要素的再配置效应以及“创造性毁灭”对经济增长效应的近似测算结果

年份	$\frac{A^{\&}}{A}$（%）	资本的再配置效应（%）	劳动的再配置效应（%）	TFP增长率（%）
1986	—	—	—	—
1987	2.66	-0.01	0.55	3.2
1988	2.7	0.01	0.48	3.19
1989	-1.2	-0.04	0.41	-0.83
1990	-6.62	0.00	0.23	-6.39
1991	3.27	0.09	0.71	4.06
1992	7.44	-0.01	0.72	8.15
1993	5.42	-0.19	0.78	6.01
1994	4.1	-0.22	0.38	4.26
1995	2.06	-0.15	0.39	2.3
1996	1.47	-0.03	0.29	1.73
1997	2.33	0.00	0.20	2.54
1998	1.1	0.09	0.07	1.26
1999	1.61	0.18	0.02	1.82
2000	2.27	0.17	0.08	2.53
2001	1.95	0.14	0.39	2.48
2002	1.79	0.17	1.84	3.79
2003	1.11	0.34	0.75	2.2
2004	-0.4	0.17	0.52	0.29
2005	-0.38	0.10	0.65	0.37
2006	0.6	0.05	0.57	1.23
2007	-0.84	0.03	4.55	3.74
2008	-2.07	0.05	1.34	-0.68

（续表）

2009	-3.87	0.05	0.49	-3.34
2010	-2.02	0.02	0.84	-1.16
2011	-1.13	0.01	0.88	-0.24
2012	-2.81	0.01	0.66	-2.15
2013	-1.73	0.01	0.81	-0.92
2014	-2.87	0.01	0.68	-2.18
均值	0.57	0.04	0.72	1.33
对经济增长率（均值9.72）的平均贡献率	5.86%	0.42%	7.45%	13.68%

注:数值保留小数点后两位数字

从表2.5中可以看出，在样本期间全要素生产率增长率的均值约为1.46%，对整体经济增长率的平均贡献率达13.68%；其中反映“创造性毁灭”对经济增长的纯技术进步效应的均值为0.57%，该数值约占全要素生产率增长率的43%，对整体经济增长率的贡献达到5.86%。

但是，特别值得注意的是，自2008年以来到2014年，连续七年全要素生产率增长率为负值；反映“创造性毁灭”对经济增长效应的指标则在更长的一段时期内连续为负值。这一实证结果进一步凸显了我国近年来对“创造性毁灭”创新活动的迫切性。

综上，本章节主要围绕两方面内容展开：一是我国经济增长进程中的两种驱动模式——要素驱动与创新驱动；二是“创造性毁灭”活动在该两种驱动模式下所发挥的作用。我国要素驱动的经济增长模式所处的历史阶段对应着改革开放三十年的经济高速增长期，且以农村劳动力流动为背景，同时按照刘易斯的理论应将之归于劳动力无限供给的阶段。在我国的要素驱动经济增长模式下，“创造性毁灭”活动主要体现为技术的系列革新活动，但以对外引技术的“本土化改造”为主，对经济高速增长的作用表现为技术进步效应；我国的创新驱动经济增长模式在目前阶段正处于形成期，仍以农村劳动力流动为背景，归类于劳动力有限供给的社会发展阶段。在这一阶段，“创造性毁灭”活动将引导我国产业走向新的技术路径，但不会是一蹴而就的，其间必然包括渐进的、累积的以及由量变到质变的过程。

总之，如果把一国的经济增长视为一个系统的自我演化过程，就其微观机制而言，代表性企业必须要塑造两个能力：一个是洞察市场规则的能力；另一个是因环境变化而自主演化的能力。其中洞察市场规则能力的建设依赖于企业家的市场意识建立、国家对劳动力市场和产品市场机制的完善，可以信息反馈机制的构建为核心；而自主演化的能力则更多地依赖于企业的适应能力、学习和经验积累的能力。无论上述哪一种能力的塑造都与“创造性毁灭”活动以及企业家精神的培养密切相关，因而均对整个社会，尤其是高校的创新创业教育提出了新的高的要求。例如，上文提到第一条构想，事实上对高校培育具有务实创新创业观的大学生提出了迫切要求：鼓励参与创新创业的大学生以中小企业，甚至是小微企业，作为其初创企业的类型，一方面可以将小微企业作为他们实现资本积累和“创造性毁灭”能力提升的初始舞台；另一方面为国家逐步完成由要素驱动的经济增长模式向创新驱动的经济增长模式过渡贡献力量。在上文中提到的第二条构想，同时也对高校培育何种企业家精神做出质的规定性，在新时代我国急需的企业家阶层需具备创新与冒险精神，才能在“创造性毁灭”活动的贯彻实施中大展宏图，才能引导我国产业圆满完成新技术路径的选择与采纳工作。因此，在新时代，高校在其创新创业教育中具有培养企业家精神的义不容辞的责任与担当。

在本书的接下来的章节，将聚焦高校创新创业教育问题，分析其现状和存在问题及其原因，并尝试提出相应对策。

第三章　“创造性毁灭”思路与我国高校创新创业教育“范式陷阱”的突破路径研究

本章节将探讨如何以“创造性毁灭”的思路指引我国高校的创新创业教育提升效率，并突破旧的教育“范式陷阱”。期间我们将以新制度经济学的研究成果为借鉴，以制度创新的形式探索高校突破创新创业教育“范式陷阱”的路径。

如前文所述，新时代企业家精神培养是高校创新创业教育的核心任务。在针对这一核心任务前者进行重点剖析之前，首先须阐述并评估高校创新创业教育的整体概况与效率问题。我国国内的高校创新创业教育始于20世纪末，而教育部于2002年对之正式启动，至今已经过了十六年的教育实践。高校的创新创业教育在实践中积累了大量经验，进而产生了种种教育范式。针对高校种种教育范式的存在，卢晓东（2011）认为，它对探索教育规律有积极意义，但却制约了对学生创造性的培养。熊丙奇（2008）指出，目前很多高校的创新创业教育范式，被认为是“精英教育观念在大众化教育环境中的延续”，该范式一方面表现为对大学生创业定位过高，不能有效激发其创新创业动机。高校传输给大学生必须“做大事、创大业”的意识导致大学生缺乏务实的创业观，致使创业项目不仅不能与学生自身的资源能力相对接，而且不能与社会多样化需求相对接，从而创业失败率较高，直接挫伤创业的积极性与创造性；该范式另一方面表现为高校对创业教育效果的评估机制不够全面，不能形成对“成功创业”的有效激励。高校对创业教育效果的评估过于强调创业率、创业就业率等量的指标而忽略了对创业质量进行考核，从而不能够激励大学生提高创业成功率。可以说，我国高校现存教育范式在一定程度上偏离其创新创业教育的本质与目标，这成为高校创业教育低效甚至失效的重要原因。

若高校的创新创业教育囿于上述范式而不能突破，则进入创新创业教育的“范式陷阱”。进入“范式陷阱”里的教育被证实是低效的，但是由于惯性、惰性、侥幸心理与经验主义等原因却很难从上述陷阱中突破出来。当高校陷入因循守旧的泥潭中、陷入低效的陷阱中的时候，要想有所突破则必须具备大无畏的废除精神以及另辟蹊径的锐意改革勇气，如前文所述，这种精神和勇气正是“创造性毁灭”的内涵所在。因此，目前我国高校在贯彻实施其创新创业教育时须具备“创造性毁灭”思路；因为唯有如此，才能够在创新创业教育的具体实施方面拓宽眼界，才能够有效地借鉴经济学等其他社会学科的研究成果，最终达到提升创新创业教育效率的目标。

在本章节首先介绍高校创新创业教育的现状以及所存在的问题，然后参照“创造性毁灭”的思路、提出高校在创新创业教育方面的契约化安排，为我国高校突破创新创业教育“范式陷阱”提供一种可行的思路。

一、 高校创新创业教育现状以及存在问题：教育范式与“范式陷阱”

在本章节的这一部分将回答如下几个问题：创新创业教育的相关概念是什么？国内外高校创业教育的现状如何？我国高校创业教育在激发大学生创新创业动机方面存在哪些问题？高校创新创业教育范式有哪些？为什么说存在创新创业教育的范式陷阱？国内外有哪些成功的经验可以借鉴？

（一）创新创业的相关概念厘定

在对创新创业教育现状及其存在问题进行揭示之前，需要对相关概念内涵与外延进行界定。

一般认为，创新起源于拉丁语。它原意有三层含义，第一，更新；第二，创造新的东西；第三，改变。经济学视角下创新概念，仍然来自于约瑟夫·

熊彼得。他在1912年出版的《经济发展概论》中指出：创新是指把一种新的生产要素和生产条件的“新结合”引入生产体系。具体而言，它包括五种情况：引入一种新产品；引入一种新的生产方法；开辟一个新的市场；获得原材料或半成品的一种新的供应来源。熊彼得所提出的上述创新概念包含的范围很广，既涉及技术性变化的创新，也涉及非技术性变化的组织创新。熊彼得之后，特别是在20世纪70—80年代开始，学术界关于创新的研究进一步深入展开，并且逐步形成了系统的理论。其中，厄特巴克（J. M. UMer-back）在70年代的创新研究中独树一帜。他在1974年发表的《产业创新与技术扩散》中认为，“与发明或技术样品相区别，创新就是技术的实际采用或首次应用”。另一学者，缪尔赛在80年代中期对技术创新概念作了系统的整理分析；并且他在整理分析的基础上，进一步提出“技术创新是以其构思新颖性和成功实现为特征的有意义的非连续性事件”的概念。被称为创新大师的著名学者弗里曼（Freeman），他把创新对象基本上限定为规范化的重要创新。按照弗里曼的观点，技术创新在经济学上的意义只是包括新产品、新过程、新系统和新装备等形式在内的技术向商业化实现的首次转化。例如，他在1973年发表的《工业创新中的成功与失败研究》中认为，“技术创新是一技术的、工艺的和商业化的全过程，其导致新产品的市场实现和新技术工艺与装备的商业化应用”；随后他在1982年的《工业创新经济学》修订本中又明确指出，技术创新就是指新产品、新过程、新系统和新服务的首次商业性转化。

所谓创业，按照辞海的说法是“开创建立基业、事业。基业是指事业的基础”。许多国内外学者都“热衷于”为“创业”下定义，因此创业便具有多个各异的概念。其中，Cole（1965）把创业定义为“发起、维持和发展以利润为导向的企业的有目的性的行为”。Jeffry A. Timmons（1995）在其所著的经典教科书《创业创造》（New Venture Creation）中为创业所下的定义为：创业是一种思考、推理结合运气的行为方式，它为运气带来的机会所驱动，需要在方法上全盘考虑并拥有和谐的领导能力。Howard H. Stevens（1989）

认为，创业是个体追踪和捕获机会的过程。William J. Baumol 等（2007）给创业下的定义是“任何新的或已经存在的实体，提供的新产品、服务或方法，比现有产品或服务的费用更低”“创业发明新的操作方式、组合方式、管理方式……发明者能够展示这个方法、产品或组织方式更有效率、效益，并提升整个经济水平”。国内学者侯文华（2012）从狭义与广义两个方面全方位地解读创业的相关问题。他认为“广义的创业是开拓或创立个人、集体、国家的各项事业以及所取得的成就，狭义的创业就是创立一个新的企业，可分为生存型企业和机会型企业”①。另一学者曹之然（2008）则认为“创业是创业者与外部环境化合的过程，这一过程是以机会问题为核心，以创业目标为导向，并由创业推理与创业行动共同推动的，其本质在于创新”②。李时椿（2008）把创业视为“通过寻找和把握机遇创造出新颖的产品和服务，并通过市场创建成企业或新的产业，从而实现企业的经济价值和社会价值”③。焦连合（2009）提出“把创业作为经济范畴，主要指个人或团体依法登记设立企业，以盈利为目的，从事有偿的商业活动”④。陆海娟（2014）认为创业是指“潜在创业者能及时捕获商机，并能付诸行动创造财富的动态过程”⑤。本书认为，创业是三个要素的统一体：机会、资源与结果。创业，属于商业领域的范畴；创业者致力于理解并把握创造新事物（新产品，新市场，新生产过程或原材料，组织现有技术的新方法）的机会；机会出现且被特定个体——创业者发现时，创业者如何运用各种优势资源条件进行机会的开发；创业者的不同行为会导致各种各样结果的产生。因此，本书认为，创业是创业者发现商机、利用所控制的资源，对商机加以实际行动转化成为具体的社会形态，以获得利益和实现价值的全过程。

在理论与实践中，创新与创业经常被放在一起应用，它们之间是怎样的

① 侯文华. 大学生创新创业教育教程［M］. 北京：科学出版社，2012.

② 曹之然. 创业理论研究：共识、冲突、重构与观察［J］. 现代经济探索，2008（9）：43.

③ 李时椿. 我国高校亟待开展正规创业教育［J］. 科技管理研究，2008（10）：85—89.

④ 焦连合. 大学生创业实务教程［M］. 北京：中国青年出版社，2009.

⑤ 陆海娟. 大学生职业价值观与创业意向的相关性研究［D］. 广西师范大学，2014.

关系呢？首先，创新与创业相互协同。现阶段，创新与创业均是我国的经济体制和社会体制改革的重点内容，它们共同促进我国经济和社会的发展。具体而言，创业的过程既是创建新组织、开创新业务的过程，更是利用创新这一工具实现各种资源的新组合的过程。因为按照熊彼得的定义，“创新”本身可以作为一种需要投入的生产要素，创业过程便是“建立一种新的生产函数”过程。其次，创业与创新相互促进。一方面，创新往往是创业成功的必要手段之一。创新是创业的原动力，创业过程中唯有持续保持创新的意识，才可能源源不断地产生有新的思路、新的方法，构建新的模式，开发新的产品，或提供新的服务，才能最终在商海中立于不败之地。就整个社会而言，大规模的创业行为势必会推高整体的创新水平。因为创业活力可以推动新发明、新产品或新服务的不断涌现，创造出新的市场需求；市场需求又会进一步推动和深化科技创新。在整个良性循环中，企业乃至整个国家的创新能力都得以提升，进而国家产业竞争力不断提高。另一方面，创业为创新提供了有效的平台。创新的价值就在于将潜在的知识、技术和市场机会转化为现实生产力，实现社会财富增长，造福人类社会；而创业正是实现创新价值的重要手段和途径。商业化时代，尤其强调技术创新的成果实现转化并带来经济效益与社会效应的速度；创业正是实现科技研发的动机与市场的活跃需求相结合、研发工作内容与经济工作内容相结合的最重要手段。

因此，创新往往在创业中得以实现；而创业往往在创新中走向成功。基于创新与创业的一体化关系，创新创业在课题研究中被视为一个统一的整体。高校在构建创业教育的内容时，往往将创新教育自动地融入课程体系，形成创新创业教育一体化。

（二）高校创新创业教育的起源、发展及其相关研究

首先针对创新创业教育起源及其在国外的实践与发展状况进行阐述，然后其次，针对创新创业教育在我国的发展状况进行介绍。学术界的相关研究伴随其中。

1. 国外创新创业教育的起源、发展及其相关研究

1989 年联合国教科文组织在“面向 21 世纪教育国际研讨会”上第一次提出了创业教育的概念，会上要求“把事业心和开拓技能教育提高到与学术性和职业教育同等地位”。东京创业创新教育国际会议（1991）界定广义的创新创业教育为“培养最具有开创性个性的人，包括首创精神、冒险精神、创业能力、独立工作能力以及技术、社交和管理技能的培养”。1998 年，世界高等教育大会宣言《21 世纪的高等教育：展望与行动世界宣言》第七条申明：“为方便毕业生就业，高等教育应主要关心培育创业技能和主动精神，毕业生不再仅仅是求职者，首先将成为工作岗位的创造者。”世界范围内，美国被认为是最早开展创新创业教育的国家之一，具体表现为较早地将创业教育纳入国民教育的体系之中，在美国高校中普遍开设创业教育课程等。George T. Solomon & Lloyd W. Fernald（1991）针对中小企业与创业精神的教育与训练所作的调查研究报告指出，早在 1979—1986 年间，美国高校关于中小企业创办与创业精神培养的课程就增长迅速。与此同时，美国出现了大量以创业教育为战略中心和竞争优势的学校，如百森商学院，哈佛商学院、加州大学洛杉矶分校 、芝加哥大学、麻省理工学院、史丹佛等。这些学校在创新创业教育领域各显身手、各具特色。根据张春虎（2010）的研究，英国于 1987 年由其政府发起了“高等教育创业”计划（EHE），旨在培养大学生的可迁移性创业能力，并且鼓励学生对此进行自主的学习。几乎同期，德国政府提出了“要使高校成为创业者熔炉”的口号，并在贯彻实施中积极研究和推广在非经济管理类专业的创业教育新模式。谢丽丽（2010）研究发现，日本目前全国已有 247 所各种不同类型的高校实施了形式和程度各异的创业教育，这一数字约占全日本 756 所各类四年制大学的 32.7%；而印度政府也在 1996 年提出了“自我就业教育”的概念，借以鼓励高校毕业生开展自主创业。伴随国外创业教育的迅猛发展，国外学术界出现了大量的相关研究成果，尤其关注了创业教育意义、内容与作用问题。J. Bechard（1998）认为，创业教育不仅是传授商业管理技能的教育，更重要的是培养全新的个体思维方式

与行为模式，最重要的是将创业者精神融入受教育者的生活。D. Kuratko（2005）提出创业教育不仅要传授创业知识，还要激发学生的创业意识与精神，培养学生对商业机会的洞察能力与把握能力，指导学生未来的创业实践方向。考夫曼基金会（2012）指出“创业属于大学教育”，“作为大学最新的课程，创业教育实现了符合高质量教育要求的多个教育目标”，“创业教育是一种能力教育，将二者结合将为人类从独立和创新性的学习中带来巨大的效益”。海迪 M 内克等（2015）认为，“创业是整个商业学科中最具有应用性的学科”，“我们鼓励将基于实践的方法作为支撑创业行动的一种学习模式”①。

2. 国内创新创业教育的起源、发展及其相关研究

国内高校创新创业教育始于20世纪末。国内创新创业教育启动先由教育部、国务院等有关部门发布系列文件，随后国内高校对之进行贯彻实施。1999年，教育部公布《面向21世纪教育振兴计划》提出大学生创业教育的概念，并要求“要加强对学生的创业教育，鼓励他们自主创办高新技术企业”。2010年，教育部在《关于大力推进高等学校创新创业教育和大学生自主创业工作的意见》中指出“创新创业教育是适应经济社会和国家发展战略需要而产生的一种教学理念与模式”，“创新创业教育要面向全体学生，融入人才培养全过程。要在专业教育基础上，以转变教育思想、更新教育观念为先导，以提升学生的社会责任感、创新精神、创业意识和创业能力为核心，以改革人才培养模式和课程体系为重点”。2015年，国务院办公厅出台《关于深化高等教育创新创业教育改革的实施意见》指出“高校创业教育是国家实施创新驱动发展战略和促进经济提质增效的迫切需要，是高校主动适应经济发展新常态，同时要求要以推进素质教育为主题，以提升人才培育质量为核心，突出创业教育的育人功能”。国内高校针对创新创业教育的实践活动，

---

① 〔美〕海迪M. 内克，帕特里夏G. 格林，坎迪达G. 布拉什. 如何教创业：基于实践的百森教学法［M］. 薛红志，等译. 北京：机械工业出版社，2015.

最初仅限于少数高校举办的一些创业活动上，例如1997年清华大学举办的创业计划大赛。2002年8月，教育部在北京航空航天大学召开“全国高校创业教育研讨会”；同年确定了中国人民大学等9所高校率先进行创业教育试点，并形成了三种典型的创业教育模式，即“课堂式创业教育”“实践式创业教育”以及“综合式创业教育”。我国的台湾地区很早就重视创业教育开展工作，并取得一定进展。自2006年台湾开始推动全球专业实习先导型方案，该方案主要内容为协助各大学校院开设创新事业的学程。国内学术界关于创新创业教育的研究成果近十年呈逐步上升趋势。国内学者张俊与颜吾芟（2008）的研究成果提供了国外探索大学生创业教育的成功经验，并提出建立良好体制和环境、准确定位、勇于实践等建议；路葵（2010）对创业教育的范围做出界定，认为包括“素质教育、职业教育、创造教育、创新教育等”①；施永川等（2010）分析了目前大学生所面临的创业困境，并从创业教育资源、创业环境、评价体系等方面提出了相应对策；严毛新（2011）则以大学生创业教育的政府推动型为研究对象并提出相应建议；韦立（2013）探讨了儒商精神对大学生创业的价值问题，提供了研究大学生创业价值观构建问题的好的思路；吴振铨（2014）的研究成果关注了高校校园内的创业社团建设问题；侯文华（2015）研究了高校的创业教育背景与任务，认为创业教育是在当前大学生面临就业巨大压力的背景下，高等教育改革与发展的一种必然选择，它以提升学生的社会责任感、创新精神、创业意识和创业能力为核心；杨斌（2015）则认为，创新创业教育为“育人兴国”，“其潜在的意义是通过创新驱动和创业引导来改变高校与实践长期脱节的现状”。

从国内外创业教育的发展历程以及实践经验可以逐步总结出创新创业教育的丰富内涵。基于先前的研究基础，本书认为，对高校创新创业教育的界定，需考虑其功能、内容以及所培养人才的类型等综合因素。因此，可做出如此界定：高校的创新创业教育指的是一种专门培养具有企业家精神与创业

① 路葵. 对我国高校创业教育的理性思考［J］. 当代青年研究，2010（3）：58—64.

能力的应用型人才的高等教育门类。

（三）高校创新创业教育的教育范式（类范式）以及范式陷阱①

范式一词由库恩（1962）首先提出，他认为“构成一种范式的是某一特定科学共同体成员们所采纳的一般性理论假定和定律，以及应用这些假定和定律的技术”②。针对创新创业的教育范式，国内学者杨幽红（2011）经过研究指出“新时期创新创业教育理论范式包括创新创业教育理念、创新创业教育基本理论、创新创业教育方法和途径”③。创新创业教育范式的广泛存在有其积极意义：它对创业教育起步较晚的高校尽快规范和完备其教育教学体系有所裨益，也有利于各高校探讨教育规律、总结阶段性的经验教训。但是，如前文所述，如果对教育范式一味地奉行“拿来主义”，不调查、不总结、不思考、不调整；尤其是在教育低效率运转时仍然听之任之，就容易陷入教育的“范式陷阱”。

本节内容首先介绍关于高校创新创业教育的国际范式；然后介绍我国目前国内高校所存在的创新创业教育范式；并针对不少高校的教育实践中存在引致创新创业教育低效的教育范式情况，揭示高校已经陷入创新创业教育的“范式陷阱”之中的现状。

1. 高校创新创业教育的国际范式

相对于国内，国外创新创业教育起步早。在多年的实践过程中国外积累了丰富的经验，也形成了各具特色的教育范式。发达国家的创新创业教育范式按照其驱动主体的不同，可以简单地划分为三类④：第一类是以美国为代表的高校主导型的创新创业教育范式，这一类型也可以称为市场紧密型。顾名思义，在该类教育范式下，创业教育的发展与实施往往以市场为驱动力，

---

① 范式陷阱的形成机理或原因将在大学生激励机制构建部分进行讲述。

② Thomas S. Kuhn. The Structure of Scientific Revolutions ［M］. Chicago: The University of Chicago Press, 1962.

③ 杨幽红. 创新创业教育理论范式与实践研究［J］. 中国高校科技，2011（6）: 75—76.

④ 此处的分类为各国的创新创业教育范式，而不是各国高校的创新创业教育范式。请读者加以区分。

高校能够做到与市场的自动链接，有利于形成高校—大学生—社会之间良性循环的创业生态系统；第二类是以日本、德国为代表的政府主导型的创新创业教育范式，该范式也可称为政府紧密型范式。苏海泉、余岚（2011）通过研究发现“日本是亚洲最早发展创业投资的国家，有健全的创业支援制度”①。日本的创新创业教育的发展与实施受政府战略政策驱动与影响，高校在创业教育体系形成中往往不起主导作用。同样，李志永（2010）通过研究日本大学生创业的政策问题，他发现“2001 年，日本经济产业省提出 3 年内创设 1000 个大学生风险企业的计划”②。与之类似，1998 年德国联邦经济与科技部启动 EXSIT 德国高校创业项目，以提供专项资金实施对创新创业教育的扶持；第三类是以法国高校联合创办的“创业之家”为代表的创业教育范式，可称之为校际合作型教育范式。在该类范式下，高校的创新创业教育与市场以及与政府的紧密度介于上述两类之间。显然，以美国高校为代表的第一类教育范式下的创新创业教育，较其他两类教育范式，在其发展过程中受影响与制约的主观因素要少得多。

此外，针对世界各国高校创新创业教育范式具体类型的划分，广东工业大学创新创业学院院长米银俊（2016）认为，发达国家中高校的创新创业教育范式，以美国、英国与日本为例。在美国有以科研支持的技术创业为特征的斯坦福大学范式以及以创新创业生态系统构建为特征的麻省理工学院范式；在英国有提供三阶段创业教育方案的剑桥大学范式以及以创业孵化器链接学校与市场的帝国理工范式；在日本有偏向研究生的产学协同实践的东京工业大学范式以及以复合型高科技创业为特点的高知工科大学范式。

本书以中华人民共和国教育部高等教育司组编的《世界主要国家创业教育情况》（2012）为参考依据，对目前国际创新创业教育的范式与模式做以

---

① 苏海泉，余岚. 大学创业教育比较——以中国、印度、日本为个案［J］. 辽宁工程技术大学学报·社会科学版，2011（2）：191—193.

② 李志永. 日本高等教育质量评估机制探讨［J］. 湖州师范学院学报，2010（5）：134—137.

下简单介绍。

（1）美国高校的创新创业教育范式（模式）。在美国，创业属于大学的教育课程之一。创业教育内容与创业者和创业内容密切相关；创业教育必须面对创业爱好者，甚至市场消费者，并会根据具体经济情形情境进行课程设置、不断完善教学内容，以求适应市场的需求。他们往往在通识教育中设置一门创业教育基础课程，该课程完全贯彻通识教育的宽口径、学科互通、知识相关的教育思想，创业将变成学生在自身学习中讨论的主要议题之一。此外，高校将创业教育与专业教育整合在一起，可在课程和专业两个层面将创业教育整合进去；同时学校致力于帮助学生将相关知识应用于他们未来的研究之中；创新创业教育也可以设置为所有学生的共同课程，充分利用第二课堂的时间；不少高校将创业教育的重点制定成为学生实现创业理想提供建设性和实践性的平台，并随时愿意帮助他们明白如何解决创业中遇到的问题以及如何完成一个商业计划项目。

（2）法国高校的创新创业教育范式（模式）。法国高校的创新创业教育范式以“大学间创业联合会（创业之家）范式”为代表。在该范式下，由5所院校组成公立科学合作机构—格勒诺布尔大学，以形成大学间创业联合会；联合会日常任务包括进行创业宣传、加强学生领导项目、创立公司的专门能力以及完善创业计划。具体的工作内容包括实现创业教育资源利用的互惠互利；发展网络、将创业纳入大学课程设置，加大非教学类的创业宣传力度以及鼓励大学生在职业生涯规划中选择创业，并且进行跟踪式地扶持大学生创业。

（3）英国高校的创新创业教育范式（模式）。英国高校的创新创业教育范式以剑桥大学的“企业家学习中心范式”为代表。该范式强调提升关于企业家精神的教学和培训质量，以普及企业家精神为愿景，以价值观指导中心的工作。剑桥大学形成鼓励创业的校园文化，并在政府支持下提供各项创业支持措施。在“企业学习中心”的整体学习模型中，实现了激励、提供信息和帮助实践三个方面的一体化，并构建相应的三部分教学项目结构：第一部分设法激励学生让其认识到自身拥有的创业能力；第二部分提供将想法加以实现的信息；第三部分为提供指导或资源帮助。

（4）德国高校的创新创业教育范式（模式）。德国高校的创新创业教育范式以“EXIST”高校创业促进项目计划模式为代表。德国的“EXIST”高校创业促进项目计划包括技术促进、企业促进与区域促进，尤其是创业促进网。项目计划的主旨是为具有企业家梦想的人创造条件。项目涉及的主题领域涉及企业家文化教育以及与创业相关的能力培训，具体包括课程发展、聘请教授、在研究和考试程序中确定与创业有关的理论、计划演练、刺激和培训教师及提供学生的学习工具。EXIST 项目适应于对创业感兴趣的人，潜在创业者的刺激、培训以及指导。德国的高校成为创业的培训基地和创业的孵化器，高校的创新创业教育核心任务是提供创业关键能力的培训与深造。其中企业家文化教育主要是为不同专业方向的大学生在学习阶段培养基础的创业能力。高校在其创新创业教育中所提供的学习形式和教学形式与传统的学术教育存在着较大差异，实践教学、团队学习、小组合作等多种方式与理论教学有效地结合起来运用。

（5）日本高校的创新创业教育范式（模式）。日本高校的创新创业教育范式以神户大学的“研究生院创业教育项目”为代表。该大学的教学课程体系包括创新领导人教育课程、研究者教育者培养课程；其中创新领导人培养课程同时具备企业孵化器的功能。该种范式的另一个特征时选课人员的多样性和灵活性，该课程的学生除包括本科的跳级生，还包括拥有业务经验的成人，以及创业家与 VB 人员等等。

本书认为，对待国外的各种创新创业教育范式的正确态度是：在关注它们对国内高校创新创业教育所能提供的借鉴作用同时，更要认识到创新创业教育的成长与发展离不开各国的文化土壤；我国国内高校的创新创业教育实践应该充分地考虑我们的国情与校情，以对国外的成功经验进行有鉴别地吸收。

2. 我国国内高校的创新创业教育范式（类范式）以及“范式陷阱”

我国高校的创新创业教育经过十几年的实践已经积累了大量的经验，在这过程中逐步产生了多种教育范式。正如学者米银俊、吕新铭（2016）所承认的那样：“2008 年前后至今，创业教育范式呈多元化”① 趋势。毋庸置疑，创新创业教育范式的多元化存在对我国高校创新创业教育的发展是具有一定积极意义的。我国高校目前形成了如‘全校层面—专业层面—试点班层面’逐层递进、以岗位创业为导向、依托地域文化资源开拓特色创业教育的温州大学范式，成立创业教育实验班、注重创业教育知识能力的传授和培养、‘全程化、四阶段’的武汉理工大学范式，以创新引领创业、以创业促进创新、创新教育与创业教育相融合的广东工业大学模式等特色高校创业教育范式”②。高校各具特色的教育范式的产生对整体他们的创新创业教育质量水平有一定帮助，对其他高校改进工作、提高效率具有借鉴意义。有时候教育范式的产生是为了解决高等教育过程中所存在的现实矛盾。例如，目前很多高校的课程设置以专业教学为主导，让“第二课堂”成为创新创业教育的主要课堂，创新创业教育沦为学校与学生的备选。为了改变这种不重视创新创业教育的状况，张项民（2008）探讨了基于专业教学的创业教育范式。在他的研究成果中列出了“课程渗透式（MCI）、专业实践式（MPP）、科研参与式（MPR）、产学研一体化（MPLR）”③ 等多种教育模式。针对一些高校创新创业教育的理论教学效果不理想的现状，舒福灵、景玲与李幼平（2011）提出一种“创业教育的教学理论范式”④。该种范式是指以“提高大学生的创业成功率”为中心，从“创业者意识动机”“创业者特质素养教育”“创业者知识结构”以及“创业技能开发”四个维度着手，分别通过“氛围感知、课堂教学、课外实践、企业学习”等方式来培养创业者素质。

我国高校的创新创业教育尽管已经取得了一定的成绩，但是就整体而言，

---

①② 米银俊，吕新铭．大学创业教育范式比较与话语建构［J］．高教探索，2016（02）：112—117.

③ 张项民．基于专业教学的创业教育范式研究［J］．中国高教研究，2008（11）：68—69.

④ 舒福灵，景玲，李幼平．中国创业教育的理论范式与实践发展研究［J］．广西民族师范学院学报，2011，28（05）：125—127.

目前它的发展仍然是不成熟的与不平衡的。若以教育部2002年①的正式启动为起点，国内高校的创新创业教育到目前已经有十六年的教育实践，但社会上关于高校创新创业教育低效甚至失效的声音一直都有。不少专家认为，“高校创业大赛是低效的”②（张志达，2014），强烈要求“高校创业教育不是搞运动，而是要回归本真”③（魏江，2016）。在商界，许多投资人与企业家指出，“大学生创业不靠谱”④（曾李青，2015），“中国跟美国的国情差别很远，我们大学的教育包括高中的教育素质和能力教育相对偏弱，这样出来创业的话，成功率是非常之低的”⑤（雷军，2012）。目前大学生整体选择创业的比率以及创业的成功率均是偏低的。⑥ 依据专家学者们的考察结果以及市场与社会的反馈结果，我们不得不得出这样的结论：目前我国高校创新创业教育的整体效率仍有大量的提升空间。

目前高校创业教育整体的低效性促使我们反思与质疑：是不是高校所遵循的教育范式或者运转模式出了问题？高校的教育实践是否在一定程度上偏离了其创新创业教育的本质与目标？事实上这样的质疑不无道理。

为了进一步考察目前国内高校创新创业教育范式的有效性，课题组成员先后去往北京、上海、杭州、济南、曲阜等地进行实地调研。调研结果表明，我国许多高校在创新创业教育实践过程中出现了种种无效的教育模式，这些模式甚至不能用范式俩字来表述。在此我们称之为“类范式”。

---

① 2002年8月，教育部在北京航空航天大学召开“全国高校创业教育研讨会”。同年确定了中国人民大学等9所高校率先进行创业教育试点，并形成了3种典型的创业教育模式，即“课堂式创业教育”“实践式创业教育”以及“综合式创业教育”。

② 张志达. 高校创业大赛低效，原因何在？[J]. 教育与职业，2014，31：89.

③ 参见 http://culture.gmw.cn/2016-09/19/content_22045968.htm.

④ 参见 http://www.wtoutiao.com/a/2262650.html.

⑤ 参见 http://www.ceocio.com.cn/cio/guide/7064.shtml.

⑥ 根据常年关注教育产业的麦可思研究院发布的《中国大学生就业报告》，2010年本科生中仅有0.9%选择了创业；到了2014年，这个数字为2.9%。而根据智联招聘发布的《2015年应届毕业生就业力调研报告》，参与调查的2015届毕业生中选择自主创业的比例高达6.3%。根据《中国大学生就业报告》数据显示，毕业半年后自主创业的应届本科毕业生，3年后有超过半数的人退出创业，甚至有数据指出，即使在浙江等创业环境较好的省份，大学生创业成功率也只有5%左右。

我国高校创新创业教育中所出现的范式与“类范式”具体表现如下：

第一，高校将创新创业教育实质等同于其他普通的学业教育。创业教育课程设置、教学模式、考核和评价方式跟其他普通的学业教育一样。在该种模式下，学校多以创业理论课程为主体进行课程设置；教学方式以课堂讲授为主；考核方式单一、多以完成书面答卷为手段；对学生的创业实践没有采取有效管理手段，以至于学生在创业实践方面容易犯“道德风险”错误。

第二，高校的创新创业教育方式等同于社会创业的培养模式。学校对创业教育缺乏战略规划，教材体系不完善，课程设置单一，且相关课程所占学分较少甚至没有学分。参与创业实践的学生呈现出“散兵作勇”“自生自灭”状态，因得不到有效的指导，缺乏必要的物质条件与信息条件的支持，导致校内创业教育实际为虚无化。

第三，高校的创新创业教育等同于就业教育模式。学校将创新创业教育理解为就业教育或自我就业教育，从而对它们的考核和评估均过于粗放化。例如在实践中仅仅以大学生创业就业人数、“大学生就业比率”等少量指标进行考核设计。这样做到后果是导致校园内的创新创业教育趋向于功利化和肤浅化。

在实地调研中，我们遗憾地发现上述范式或“类范式”并不仅仅在少数高校存在。若大量高校的创新创业教育囿于上述范式或类范式之中而不能突破，势必将会造成培养大学生创新创业精神与创新创业能力工作的低效或失效。本书将上述范式（类范式）以及所引致的问题统一命名为高校创新创业教育的“范式陷阱”。

针对“范式陷阱”的认定与危害问题，国内学者卢晓东（2011）的研究成果表明范式陷阱为“囿于某一范式而不能超越它”，他同时指出“在旧的范式中沉浸越深、学习越多、不断成功的人，越信赖原有的范式，越难以跳出‘陷阱’，而创新所做的恰是突破旧有知识体系、思维框架和范式”①。林

① 卢晓东. 范式陷阱及其对创造性的制约［N］. 科学时报，2011—3—1.

跃鑫（2014）在《警惕大学范式陷阱》一文中认为，大学中由不同的“办学理念和模式”① 形成不同的范式。姜大源（2008）通过研究发现“基于模式层面的改革成果已经相当丰富，当历史进入改革的攻坚阶段有可能‘涌现’之时，基于范式层面的改革诉求业已摆上议事日程”②。张永民、鲁伟与周斌（2016）在对目前严峻的就业形势以及经济转型的背景进行审慎地分析与评估的基础上，指出“基于传统自闭性、说教型、灌输式的教育模式问题不断凸显，庸俗化、教条化、浮躁化的教育实践带来的负面效应不断激化，内部变革的呼声日趋高涨，实现创新创业教育范式的转型成为高校和学术界日益聚焦的时代主题”③。

近十几年来，我国不少高校在形形色色的创新创业教育范式的引导下，在大学生企业家精神的培养方面，不仅没有走出自己的特色路径来，反而陷入“范式陷阱”不能自拔。一个明显的证据便是目前我国高校大学生创业参与率以及创业成功率均为偏低的数值④。因此关于高校如何培养大学生企业家精神的路径探索是迫在眉睫的任务。

为什么教育部大力倡导而高校普遍付诸实施的创新创业教育却难以见成效？为什么在整个国家鼓励“大众创业、万众创新”的背景下对“大学生创业”这一具有战略意义的举措在社会各界仍然引发了诸多争议？创新创业人才培养的正确路径是否也具有“芝麻开门”之类的密码？对此国内外的学者们纷纷献计献策。国外学者 Lee 等（2005）指出创业教育的长期效果应该以其结果来评价；Fayolle Alain 等（2006）年以 TPB 为理论框架形成创业教育

---

① 林跃鑫. 警惕大学范式陷阱［J］. 世界教育信息，2014，27（04）：62—64.

② 姜大源. 职业教育：模式与范式辨［J］. 中国职业技术教育，2008（31）：1，19.

③ 张永民，鲁伟，周斌. 转型与对接：高职院校创新创业教育范式与模式研究［J］. 职教论坛，2016（17）：32—35.

④ 根据常年关注教育产业的麦肯锡研究院发布的《中国大学生就业报告》，2010 年本科生中仅有 0.9% 选择了创业；到了 2014 年，这个数字为 2.9%。根据智联招聘发布的《2015 年应届毕业生就业力调研报告》，参与调查的 2015 届毕业生中选择自主创业的比例高达 6.3%。根据《中国大学生就业报告》数据显示，毕业半年后自主创业的应届本科毕业生，3 年后有超过半数的人退出创业，甚至有数据指出，即使在浙江等创业环境较好的省份，大学生创业成功率也只有 5% 左右。

的纵向评价指标；Menzies（2003）、Webb（2006）通过在实验中设对照组的方法研究创业教育的横向比较效果；Natalia 等（2009）对 354 名企业家访谈以探讨创业教育与好的商业结果之间的因果关系。国内专家学者曹胜利（2010）强调创新创业教育需要思维范式革命，并提出“统一的、可操作的、新型人力资源培养系统”以打通“学校的分数质量模型、企业的能力胜任模型以及成功创业者素质模型”的内在联系为路径①；杨芳（2005）以中南大学为例，提出“基地化实施、项目化运作、网络化推进、制度化创新”② 等革新工作范式、构建创新创业教育机制方法；陈光玖、张斌与陈军华（2008）采用调查法等发现人力资源管理领域创业教育存在主体需求与社会需求、追求内涵与崇尚功用、开创思想与传统思想、实际支撑与理论理想四对主要矛盾，并建议采取相关对策以提高创业教育的有效性；张项民（2008）研究发现，基于专业教学的创业教育是创业教育可持续发展的可靠路径；罗贤甲、杨树明（2010）经过研究发现，创业教育有效性不足的原因在于教育目标功利化、教育行为活动化以及教育考核粗放化等；刘必千（2011）则认为“探索创业教育的有效性必须构建评价指标”③；而沈超红与谭平（2010）通过对国外相关文献的分析研究，发现“时滞”效应的存在导致国内创业教育效果评价用“大学生创业比率”是错误的，并提出了增强有效性的具体对策。

就整体而言，现有的研究成果对高校探秘和解码创新创业教育提供了一定的借鉴作用；但是也必须看到很多相关成果的研究层面偏浅、研究视域不宽，因而所得出的研究结论往往或过于宽泛或过于具体。本书认为，我国高校对其创新创业教育效率提升问题的探寻已经经历了较为漫长和艰辛的过程，

① 曹胜利. 大力发展创新创业教育，需要一场思维范式的革命［J］. 出国与就业：就业版，2010（16）：2—3.

② 杨芳. 革新工作范式构建创新创业教育新机制［J］. 中国高等教育，2005（17）：41—42.

③ 刘必千. 高职院校创业教育有效性评价研究［J］. 黑龙江教育（高教研究与评估），2011（07）：7—8

若高校仍然满足于对现有创新创业教育范式的修修补补，显然不足以解决问题。因此饱受教育“范式陷阱”之苦的高校，现在必须以破釜沉舟的勇气以及锐意创新的精神去重构其创新创业教育路径，换言之，高校必须具备突破“范式陷阱”路径的“创造性毁灭”思路。这一思路势必引导政府、高校以及相关研究者们回到创新创业问题的本源，在充分借鉴其他学科的优秀研究成果的基础上找到改进现存制度的缺陷和提高效率的路径，凭借有效的路径对高校的创新创业教育做出彻底的“再造”① 系列安排。高校唯有对其创新创业教育的思路进行彻底地调整，才能为我国经济的高质量发展培养出具有“创造性毁灭”企业家精神的创新人才。

二、突破“范式陷阱”一个“创造性毁灭”思路：高校创新创业教育契约化选择

在本章节的上一部分，论述了目前在我国高校的创新创业教育中存在着的形形色色教育范式，其中不乏无效的范式或“类范式”。在实地调研中，我们又发现，现有不少高校在缺乏考察和探索精神的基础上一味地套用现有的教育范式，结果会导致陷入了“范式陷阱”。高校的创新创业教育一旦陷入“范式陷阱”，会产生一系列不利后果：大学生的创业态度不明确、创业意愿低、创业行为不足；整体表现出创业动力的匮乏，更遑论要求他们具备“创造性毁灭”的企业家精神。换言之，高校一旦陷入教育的“范式陷阱”，其创新创业教育就会是低效的。因此，提高创新创业教育的整体效率成为各高校核心的、迫切的诉求。

当遇到必须大力突破旧的范式或旧的模式才能够改变现状和推进事物的进展时，“创造性毁灭”的思路便成为最合适的选择。由上文的分析可以看出，我国国内的创新创业教育正面临这样的情景。那么高校应如何在这一领域来践行“创造性毁灭”的思路呢？

---

① 类似于 BPR（流程再造）的做法。

“创造性毁灭”思路要求我们摒弃熟悉的教育范式，去勇敢地探究创新创业教育的规律。首先，我们要充分认识到创新创业教育与常规的专业教育所存在的迥然不同之处。创新创业教育比任何一门学科教育都强调要做到“学以致用”，因此，在学习过程中受教育者的主动性和积极性对提升学习的效率与效果尤为重要。也就是说，大学生创新创业的动机培养始终是问题的根本所在。

如何来提升大学生参与创新创业的动机呢？按照动机提升的要求，高校需要构建一个关于大学生创新创业的激励机制。那么，如何来构建以及构建什么样的激励机制才能提高创新创业教育的效率与效果呢？针对这些问题可借鉴经济学以及其他社会学科的研究成果，借助契约化治理的视角来找到问题的答案。因为针对效率问题的研究在经济学里能找到成熟的结论，而“经济学中的契约理论通常被视为是克服低效问题的一把钥匙”①。借助契约理论的思想在高校的创新创业教育中有针对性地做出系列的制度性安排，以构建大学生创新创业激励机制。这一做法显然来自于“创造性毁灭”的思路。

（一）契约理论以及高校创新创业教育的契约化治理视角

契约，又称合约、合同，指双方或多方共同协议订立的条款、文书。②契约系法学、社会学、经济学中惯用概念，以法律强制性为特征的契约法律概念是其他领域这一概念的基石。经济学中契约比法学所用的概念含义要广泛得多，“现代经济学中的契约概念，实际上是将所有的市场交易（无论是长期的还是短期的，隐性的还是显性的）都可视为一种契约关系，并将此作为经济分析的基本要素”③。宽泛意义上的契约含义，应该包括契约的异化问题，契约关系形态进一步模糊化。契约制是新公共管理的重要内容。休斯等概括“在许多国家中，合约行为早已超出提供有限商品和服务的范围，而覆

---

① 李宝良，郭其友. 冲突与合作经济治理的契约解决之道——2016 年度诺贝尔经济学奖得主主要经济理论贡献述评［J］. 外国经济与管理，2016（11）：115—128.

② 见汉语大辞典，P3277。

③ 科斯哈特，斯蒂格利茨. 契约经济学［M］. 李风圣等译，北京经济科学出版社，1999：3.

盖公共服务的所有设计与方式，政府在这些方面表现得越来越像个合同转包商"①。委托代理关系是市场经济模式下最重要的契约制度之一。

1. 契约理论的相关要素及分类

契约理论的相关要素包括背景要素、合意要素、抉择要素等。契约理论按照理论体系架构中契约的当事人是否能够预测契约执行过程中的不确定事件划分为完全契约理论与不完全契约理论。接下来对契约的相关要素及其分类进行简单的介绍。

（1）契约的背景要素。"事实上不平等的地位和支配力构成了当事人契约交往的背景"②。在古典的契约论中往往"下意识地假设"契约各事人的地位是平等的，但在社会真实情境下，往往因为当事人各方的"禀赋"不一样造成事实上的不平等。与契约地位相对应的是当事人各方在契约签订过程中的支配力差异性。契约的一方可能因为信息优势或市场竞争地位优势等原因，具有较强的"讨价还价"能力，从而在契约缔结过程中具有一定的支配力。本书认为，对契约的背景的考虑不仅不会在实质上损害契约的精神，反而使理论因充分关注真实的情境而增多了其应用的场合。

（2）合意要素。合意，即合乎心意，达成一致意见。"合意是构成真正交易的精神事件"③。契约的英文为"agreement"，意即双方在具有自由意志的情况下针对交易内容取得一致意见。

（3）抉择要素。抉择即为选择与决策。存在选择的多样性是契约自由性的体现。与效率相关的问题更多地与抉择要素相关。

（4）完全契约理论与不完全契约理论。契约理论基本分为完全契约理论与不完全契约理论。完全契约理论通常以委托代理理论为基础展开。所谓委托代理指的是一个或多个行为主体，根据一种明示或隐含的契约，指定、雇佣另一些行为主体为其服务，同时授予后者一定的决策权利，并根据后者提

---

① 李声炜. 契约自由研究——一种制度经济学的解释［D］. 吉林大学，2004.

② 李声炜. 契约自由研究——一种制度经济学的解释［D］. 吉林大学，2004.

③ 罗伯特·考特等，法和经济学［M］. 张军等译，上海人民出版社，1994：313.

供的服务数量和质量对其支付相应的报酬（杰森和麦克林，1976）。委托代理问题主要研究信息的不对称问题以及相应情景下的激励与约束问题。与激励机制相关的委托代理问题机理是这样的：由于契约中的委托人与代理人的目标不一致，委托人须通过设计相应的制度，来激励代理人做出符合委托人利益的行为或惩戒其做出损害委托人利益的行为。激励机制中，委托人要实现其利益最大化的目标，则必须满足如下两个约束条件：一个是激励相容约束条件；另一是个人理性约束条件，又称代理人参与约束条件。不完全契约理论，是由格罗斯曼和哈特（Grossman & Hart，1986）、哈特和莫尔（Hart & Moore，1990）等共同创立的。鉴于契约在实践中常常以不完备的状态出现，不完全契约理论以契约的不完全性为前提来研究产权的最佳配置问题。为了更好地诠释合约的不完全性含义及其意义，哈特进一步做出解释：首先，鉴于世界的复杂性和不确定性，人们的远见与前瞻性毕竟有局限性，因此必须具备计划性。其次，处于不同的境地，交易单方的计划很难与另一方达成共识。对此，过去的经验也提供不了多大帮助。再次，即便交易各方未来能够协商，他们也很难用下面这样的方式将计划写下来：“在出现纠纷的时候，外部权威，比如说法院，能够明确这些计划是什么意思并强制加以执行。”① 因此，针对经济学中的根本问题——资源配置，契约要素中那些可预见部分与可实施权利并不是至关重要的，关键的是剩余控制权（residual rights of control）的拥有和分配问题。针对这一问题，罗斯曼、哈特和莫尔等的研究成果表明，剩余控制权直接来源于对物质资产的所有权。

2. 高校创新创业教育的契约化治理视角

经济学里的一些理论工具跟机器猫口袋里的宝贝一样可以有效地解决现实问题。例如20世纪80年代的中国使用“承包责任制”来进行农村农业的结构改革，按照哈尔·R. 范里安的观点，这一做法的理论基础为经济学中

---

① Oliver Hart, John Morre. Incomplete Contracts and Ownership: Some New Thoughts [J]. The American Economic Review, 2007, 97 (2): 182－186.

的激励理论：通过在农村经济中构建类似经济学中的最优激励机制的结构，来解决先前农业生产的效率低下的问题；再例如，中国的国企改革中曾使用混合所有制来解决国有企业的效率低下问题。刘鹤（2016）认为："混合所有制改革试点，要达到'完善治理、强化激励、突出主业、提高效率'的预期目标。"① 包括法人在内的人都是有欲望和目标的，与之相比社会的资源却是稀缺的，因此资源的配置效率便成为很多问题的关键所在。契约，可被视为一种解决资源配置效率的方法论工具，借助契约工作让资源的配置过程具备可操作性，其相应的结果也具备一定的可预见性。同时，借助契约理论中的委托代理模型可以有效地解决激励—约束问题，从而构建起解决冲突与实现合作的治理结构。

在高校创新创业教育的范畴内，其中包含着两对委托代理关系：学校与大学生之间的委托代理关系以及上级行政管理部门与高校之间的委托代理关系。何谓其中的治理结构？治理结构本身指的是，基于交易的管理和契约的执行视角下的对交易过程和契约执行所实施的不同组织管理安排。按照威廉姆森的观点，"治理结构"可以分为市场治理（借助标准化契约）、三方治理（借助第三方潜在的管理作用）、双方治理（交易双方共同组织管理）以及统一治理（一体化），其中契约与其治理结构必须相匹配。契约是建立在当事人自愿的基础之上的，其形成的过程详尽地、周到地考虑了契约各方的利益，从而来形成的合理的制度化安排，奠定了社会经济有序运行的基础。因此，建构在契约理论之上来研究激励机制问题与治理结构问题，许多问题都会迎刃而解。

将高校的创新创业教育纳入契约化治理的机制有何意义呢？"从某种意义上可以说，契约是一切社会制度安排的核心。因此，理解契约安排背后的经济逻辑是改进现存制度的缺陷或者设计更有效的制度的关键钥匙，契约理

---

① http：//finance．ifeng．com/a/20160930/14916854_ 0．shtml．

论提供了这样的钥匙。”①

借助于契约治理架构，可以用全新的视角审视与剖析高校的创新创业教育问题。例如，在新视角下至少要回答以下几个问题：

（1）高校在创新创业教育框架下行使决策权了吗？哪些因素影响其决策的积极性与主动性？

（2）大学生在创新创业教育框架下有决策权吗？大学生行为做出选择的动力因素包括哪些？

（3）在创新创业教育中，如何通过系列制度安排来确保高校与参加创新创业的大学生在利益上有一致性②？即，高校与学生之间如何达成共同认可的承诺？

（4）在不完全契约条件下，创新创业教育中高校的公益性功能如何体现？

（5）在信息不对称的情况下如何解决高校或大学生的道德风险问题？

通过对上述问题的探讨，以期找到我国目前不少高校创新创业教育效率不足的症结，进而为找到行之有效的路径奠定基础。

（二）关于高校创新创业教育的契约化选择思路

所谓高校创新创业教育的契约化选择，指的是，高校从创新创业教育的本质出发，为达到其创新创业教育的目标，按照契约理论的要求，而作出一系列合理化的制度安排。

1. 高校创新创业教育的本质是构建大学生创新创业的激励机制

高校的创新创业教育围绕着塑造学生企业家精神和培育学生创业能力的基本任务展开，其中企业家精神的塑造是最为重要的着眼点。高校若想塑造大学生的企业家精神，当务之急是激发他们的创业意识与创业动机。因为，如果大学生连创业意愿都不具备的话，就根本谈不上对创业精神的整体培育。

---

① 李宝良，郭其友．冲突与合作经济治理的契约解决之道——2016 年度诺贝尔经济学奖得主主要经济理论贡献述评［J］．外国经济与管理，2016（11）：115—128．

② 这一点对形成高校创新创业教育的良性成长的自动机制非常重要。

高校大学生创业能力的培养方法则要求鼓励大学生积极地参与大量创新创业体验或实践活动。创新创业动机与积极性能否被激发出来成为创新创业教育能否见成效的关键所在。因此，本书认为，高校创新创业教育的本质就是构建大学生创新创业的激励机制。高校创新创业教育的有效与否与其激励机制的成功与否本质上是一致的。

将高校创新创业教育的本质界定为构建大学生的创业激励机制，这一做法将引导高校聚焦如何提升大学生创新创业的积极性与创造性，借助对创新创业教育政策措施目标重新定位，引导大学生创办对接满足社会的多样化需求的企业①，并构建完整的创新创业效果评估体系，最终达到提升其教育效果的目的。

总的说来，将高校创新创业教育的本质界定为构建大学生创新创业激励机制，有三层的经济学含义：一是将高校与学生均放置在理性决策主体的位置上，改变其在权力结构中被“计划安排”的盲目性与无效性，进而提高各决策主体的积极性和创造性；二在机制中，将高校与大学生的利益捆绑在一起来解决问题，结果必然是双赢的；三是由激励机制所引致的各方理性决策结果最终将会促进社会资源配置的进一步合理化（包括创办更多的能满足市场多样化需求的成功企业），从而高校能够同步实现其为社会服务的公益目标。

2. 契约化选择理论框架下高校创新创业教育的激励机理分析

如上文所述，既然高校的创新创业教育可以被理解为是对大学生创业激励机制的构建，那么就可以借鉴并改造新制度经济学的相关研究成果，来分析和阐释其中的激励机理。

新制度经济学认为，存在一系列委托—代理关系的科层组织，它们运营效率的高低，关键在于能否设计一套有效的监督激励契约，以诱导每个代理

① 尤其是中小企业，在本章节的后续内容会论证高校激励大学生创办中小企业的可行性和重要性。

人在其行为中愿意选择更高的努力水平，从而将代理人的行为限制在符合委托人利益的范围内，最终达到“激励相容”（incentive compatibility）。在此借用效用的术语来表达最终的结果：激励机制使代理人在追求自身效用最大化的同时，也能实现委托人的效用最大化。

正如前文所述，高校的创新创业教育体系中，存在着两对委托—代理关系。鉴于教育管理部门与高校之间的委托代理关系不是本书讨论的重点，在此重点分析学校与大学生之间的委托与代理关系。学校在机制中的身份，近似①于委托人，而大学生则为代理人身份。因此，在契约理论视角下，高校创新创业教育效果的好坏，关键在于学校能否构建一系列的相关制度安排，以实现学校与大学生的双赢。

（1）高校与大学生的创新创业效用函数

首先分析高校的重新创业教育效用函数。高校可围绕其创新创业教育的具体目标来设计其效用（收益）函数。效用甚至可以分为货币收益②与非货币收益两部分。非货币收益指标可包括学生的创新创业课程通过率、创业大赛获奖率、创业就业率（创业企业吸纳学生的就业人数）、创业成功率③等，与高校的创新创业教育目标相关的指标。收益指标均采用可量化的指标以便于实证分析。非量化指标例如学校的美誉度可以看作是诸多量化指标的溢出效应，可用于定性分析。

其次分析高校大学生的创新创业效用函数。高校大学生的效用，在本书中特指来自于学校或学校所创造的平台而取得的收益或“报酬”，可分为货币收益与非货币收益两部分。货币收益主要包括奖学金（学校授予的创业学

---

① 由于学校持殊的公益性目标，在这里加了“近似”二者，具体问题具体分析见下文。

② 高校创业教育的货币收益来源可以多元化，但本文仅考虑其狭义部分，即与创业企业的收益直接相关部分。在此以创业教育较成功的学校斯坦福大学为例来阐述学校的货币收益问题。学校制定了以利益共享为原则的专利许可收入分配制度，对于教师或学生在学校期间获得的专利，技术转让后，学校只从毛收入中扣除 15% 作为专利申请费和办公费用，其余获利归所在院系和专利所有者。因此学校该方面的货币收益并不是考虑的重点。

③ 创业成功率 = 成功企业数量/创业企业数量。成功企业的评定指标至少包括三个：利润、资产与员工规模。

科方面）、创业大赛的奖金收益和创办企业的利润收入[1]等等。非货币收益指标主要包括创业教育学分、弹性学制等等。此外，非货币收益指标还可以包括与价值自我实现相关的主观幸福感指数等，在量化分析时这些指标可以作为有序选择变量进入模型。

（2）激励模型

首先，要设定一系列假设条件。假设大学生参与创业活动所付出的努力为，创业活动的效果为 X（形成创业绩效），为学校形成的收益（效用）为 V，且 X、V 都是与 α 呈正相关关系，也就是说，大学生越努力，最终的创业活动的效果越好，学校的收益（效用）V 越高。根据绩效指标 X，学校会支付给学生相应的奖酬 U，这个 U 必须跟学校的效用函数 V，呈正相关的关系[2]，否则学校的收益得不到保证。高校在支付了给学生的一定奖酬 U 之后，它的实际收益为（V－U）[3]。但是必须考虑的是，大学生所付出的努力 α 是有成本的，例如他要付出时间、精力与金钱等，在此把他的成本记为 C。这样学生在得到报酬 U 后，他的实际收益为（U－C）。必须看到，除了选择创新创业，大学生还可以有其他选择，例如打工、考研，甚至什么不做虚度光阴等等。在此假设，大学生从创新创业之外的其他选择中获得的效用为$\underline{U}$，在此称之为创业的“机会成本”[4]。

其次，考虑大学生创新创业的参与约束条件。根据假设条件，大学生可以从创新创业之外的其他选择中获得的效用为$\underline{U}$。那么，学校的激励计划必须保证学生的实际收益（U－C）等于或大于学生从其他选择中得到的效用$\underline{U}$。只有这样才能够激发学生的动机去创业。所以，大学生创新创业的参与

---

① 创业大赛的收益与创办企业的收益，在此我们仅指在校期间的相关收益，即由学校提供平台并决定给予分成比例的收益。

② 用数学公式表示：$U=U(V)$，$U'>0$。

③ 若完整地考虑到货币性与非货币性收益，学校的效用在给予学生报酬之后不全是减少关系，在这里为突出问题的本质而进行了抽象化、简单化地处理。

④ 经济学中的“机会成本”概念被广泛地应用于决策，它指的是在面临多个抉择时选择某一个而不得不放弃的其他方案中收益最大的那一个。

约束条件，也叫个人理性约束条件为：（U－C）大于等于$\underline{U}$。其中$\underline{U}$为参与创新创业的“机会成本”。显然，只有大学生从创新创业中获得的实际效用水平至少不低于这个“机会成本”时，他才会有动力参与进去。这也是他个人理性的必然要求。

再次，考虑高校的激励相容约束条件。针对高校实施创新创业教育的效果，仍以效用的思想加以衡量。高校希望从中得到的实际效用（V－U）① 能够达到最大化，但是必须首先确保满足学生的参与约束条件，才能够吸引大学生们参与到创新创业活动中去。一般情况下，高校希望大学生做出的选择刚好满足约束条件，即：（U－C）等于$\underline{U}$。因此，高校创新创业教育目标函数的最大化问题便转化成为（V－C－$\underline{U}$）②的最大化问题。理论上讲，这一最优化的结果在高校向参与创新创业教育的学生所提供的边际收益等于大学学生的边际成本时就可以实现。

最后，激励机理形成。若能满足上述约束条件以达到最优化结果，在这过程中一方面高校能够最大化自己的效用（实现其创新创业教育目标）；另一方面，参与创新创业的大学生会因为满意于其中的效用而感受到“被激励”，他们的创业动机在良性循环中不断地被激发出来，创业精神进而会被塑造出来；与此同时他们的创新创业能力在创业实践中不断地得到提升。

3. 高校创新创业教育激励模型的应用以及创新创业教育难见成效的原因分析

基于上述激励机理的分析，我们将高校创新创业教育的激励机制示意图画出来，请见图 3.1（以创业为例）。图 3.1 不仅演示了契约化选择视角下高校创新创业教育的激励机制形成过程，而且呈现了影响大学生做出行为选择的动力因素。本书认为，高校若通过大学生创新创业激励机制的运转达到其创新创业教育的系列目标，则可以认为高校的创新创业教育已经具有成效。

---

① 该实际效用指高校从创业教育中得到的效用扣除支付给学生的部分。

② 由公式 U－C＝U 移项可以得到：U＝C ＋ U；则（V－U）则变为（V－C－U）。

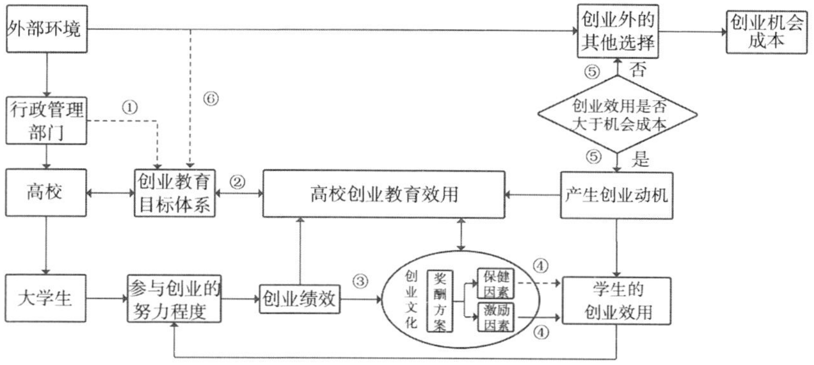

图 3.1　大学生创业激励机制示意图

注：图中实线与虚线的区分表示产生影响的方式或程度不一样。

借助上述模型示意图，可以从所涉及的各个环节来解析造成目前高校创新创业教育激励失效、从而整体难见成效的原因。① 下面将逐一加以说明。

（1）政府推动下的创新创业教育使高校在权力结构中处被动地位，从而影响了其创新创业教育的成长与发展进程

图 3.1 中的①环节，从行政管理部门指向创业教育目标体系为虚线箭头，意味着行政管理部门对高校创业教育的影响应该是间接地与指导性的。但是实际情况是怎么样的呢？国内创业教育实践到目前为止已有十几年的时间，其中政府、各级教育行政管理部门对其推动作用是巨大的，其间无疑有积极的作用。但是，在政府主导下的创新创业教育会导致高校一味地迎合和消极地应对，从而部分地丧失了从中创新与发展的主动地位。高校在创新创业教育中缺乏完整的决策权，一方面会导致其丧失或部分地丧失其开展创新创业教育的主动性与积极性，另一方面可能造成高校“等、靠、要”的惰性状态，进而延缓我国创新创业教育的成长与发展进程。

（2）创新创业教育实践偏离了其本质与目标，一些高校不能界定其自身的效用函数

① 这些原因同样可以视为不少高校的创新创业教育陷入教育“范式陷阱”的原因。

如前文所述，大学生创新创业激励机制的构建，首先要求高校在分析创新创业教育的本质与目标的基础上，界定自身的效用函数，即要搞清楚自己从中最终想要达到哪些目标，想得到哪些具体的创新创业教育效果。图 3. 1 中的②环节清晰地呈现出这一关系。目前在我国高校创新创业教育实践中存在以下相关问题：高校因害怕犯“教育功利性”错误，不敢确认或使用创新创业教育中可能得到的“货币性收益”。[①] 当创新创业教育达到一定规模后，相关平台地铺设及其日常的运转维系均需要一定的资金投入，完全依靠财政拨款往往不够或不够及时。其实，建立在“收益共享”原则基础上的分配制度能够让学校凭借自我“造血功能”达到良性的循环运转。本书认为，若高校不敢确认或使用创新创业教育的“货币性收益”，长期以来一方面会影响高校对创新创业教育的积极性，另一方面可能影响其创新创业教育质量的可持续性。

（3）目前高校对大学生接受创新创业教育、参与创新创业实践的诉求缺乏调查研究，不了解大学生的创新创业效用构成，从而无从提供具有竞争力的奖酬方案以激励大学生创业

图 3. 1 中③、④、⑤环节为创业激励机制的核心环节。目前高校对创新创业教育的激励机理分析不透彻，从而践行不到位。具体表现在以下几个方面：

首先，对创新创业教育中所产生的货币性收益可能会分配不合理。大学生以其创新创业行为，通过学校或学校所提供平台而取得一定货币收益，尤其是针对来自于创办企业的利润收入部分，高校若在分配制度上过于草率、缺乏公平与效率，会直接减少相关大学生们的创业效用，进而抑制他们的创新创业热情。

其次，对大学生参与创新创业实践活动所获取的非货币性收益结构设计

---

① 当然，高校从中获得货币性收益并不是其主要目标；但不敢确认其合理合法的货币性收益则没有必要。可参考斯坦福大学的做法，“取之于民，用之于民”。

不合理。大学生在参与创新创业实践时，可能面临着众多不确定因素。根据霍姆斯特罗姆信息含量准则（Informativeness Principle），高校尽可能地提供将外生的随机因素过滤掉的奖酬方案才能达到理想的激励效果。非货币性收益，作为学生参与创新创业效用的重要组成部分，高校在设计相关方案时必须要经过审慎的调查研究以及分析与思考。其中不仅要考虑降低创新创业者的风险，例如可实行创新创业教育学分的多层级化以及学制的弹性化等等；而且要尽量涵盖触发创业者内在激情的因素，如受人尊重、话语权幸福感、价值自我实现等等。这些相关指标的设计与转化，特别需要高校管理人员的丰富经验以及超群智慧。此外，校园创业文化的因势利导是必不可少的工作。目前国内高校为大学生提供的关于创新创业的非货币性收益选择种类较为单一，且在过程普遍缺乏对学生的引导，方案的灵活性不够，缺乏转换和发展的空间，从而吸引力不足。一般来说，“非货币性收益篮子”里的花样越多，意味着大学生选择创新创业的总效用就会愈大，对他们产生的创新创业激励作用就会愈强。

再次，高校对大学生创业机会成本缺乏审慎的考察与核算。高校大学生面临着创业、就业、考研、甚至包括无所事事在内的多个选择；其中每个选择都有其效用或收益。若让学生选择参与创业，那么高校设计的奖酬方案必须具备足够的竞争力。图3.1中环节⑤演示了这一机理。目前许多高校在其创新创业教育的实践过程中，缺乏调查研究与换位思考，没有综合考虑影响学生作出行为选择的内在与外在因素，因此他们所设计奖酬方案对大学生缺乏足够的吸引力不难理解。

（4）高校不能分辨机制中的激励因素与保健因素及其功效差别，普遍表现为重保健因素而轻激励因素

根据“激励保健因素理论（hygiene - motivational factors）”①，激发人们

① Herzberg, Frederick; Mausner, Bernard; Snyderman, Barbara B. (1959). The Motivation to Work (2nd ed.). New York: John Wiley. ISBN 0471373893.

工作动机的因素包括激励因素与保健因素，但是能够带来满意感的唯有激励因素。因为保健因素只能消除人们的不满意情绪，但不会激发他们的工作积极性。目前我国与创新创业教育相关的权力部门，包括教育行政管理部门与高校，对大学生参与创新创业的内外部制约因素的调查以及归类工作做得还远远不够。这充分体现在相关政策与制度的设计较多聚焦在保健因素方面，例如构建基于创业条件与环境改善的大学生创业支持体系等。若与创新创业支持体系的相关条件不能满足创业学生的需要的话，他们往往会表现为不满意；若这些条件达到了，却只能得到让学生消除不满意的效果，却没有达到激发他们创业积极性或取得创业成功的热情。由图 3. 1 中环节④所示，保健因素与激励因素所指向学生的创业效用分别用的是虚箭头与实箭头，由此体现两种因素在激励机制中所起到的不同作用。

（5）目前高校的创新创业教育实践仍未改变高校与社会需求长期脱节的现状，大学生创业计划的可行性欠缺

如前文所述，目前很多高校的创新创业教育效果不理想。针对其原因，国内不少学者认为高校在创新创业教育实践方面存在很多问题，具体表现在学生的商业计划书缺乏实践导向（胡昊，2011），90% 的创业大赛参赛作品很难进入实际操作阶段（丁三青，2007）。此外，不少高校教师在实施创新创业教育的过程中，并没有运用将创业活动纳入社会生态系统的视角来开展工作，而是采纳了他们一贯所擅长的学术训练模式：教授给学生如何注重商业计划书的格式是否规范、内容是否完整、外在形式如何美观，其间却忽略了最重要的可行性研究（特别是盈利模式的可行性研究）。这样做的后果是，大学生的创新创业项目不仅不能与学生自身的资源能力相对接，而且不能与社会多样化需求相对接，进而导致创业失败率较高，反过来又会直接挫伤大学生创新创业的积极性与创造性。图 3. 1 中环节⑥强调了高校的创业教育在其目标体系筹划时，就要密切联系外部环境，而且要充分考虑创新创业人才的培养如何满足社会需求的问题。综上，目前我国高校的创新创业教育难以见成效，其根源在于大学生创新创业激励机制缺失，或者所构建的创业激励

机制低效或无效。因为，在目前盛行的教育范式或教育机制中，高校不能够清晰地界定自身想从创新创业教育中“得到什么以及得到多少”；不能够清楚地了解大学生们想从创业教育中“得到什么以及应该得到多少”；也不能够确定与大学生创业成功率密切相关的来自市场真实的需求究竟“是什么”。本书认为，高校唯有全面地思考这些问题并逐一找到问题的答案，才有可能实现其创新创业教育的目标。

4. 高校创新创业教育激励模型应用——激励因素与保健因素分析

正如前文所述，十几年来我国政府与高校在鼓励大学生创新创业的道路上，一直在努力营造好的环境和创造好的物质条件，但为什么仍然出现大学生的创业率低与成功率低的现象？

为回答这些问题，我们必须在理论研究和实地调查研究的基础上洞察大学生创新创业的效用结构问题。首先要搞清楚大学生选择创业或类似创业行为的内在动机是什么，理清其中真正起激励作用的因素有哪些，并了解保健因素在其中所起的基础性作用，然后再考虑制定相应的对策与措施。

如何界定机制中哪些因素是激励因素，哪些因素是保健因素呢？根据赫茨伯格的“双因素”激励理论，激励因素往往与工作（学习）的绩效相关，而保健因素则更多地与物质条件以及环境因素相关。赫茨伯格曾从1844个案例调查中发现，造成员工不满的原因，主要是由于公司的政策、行政管理、监督、工作条件、薪水、地位、安全以及各种人事关系的处理不善。这些因素的改善，虽不能使员工变得非常满意，真正地激发员工的积极性，却能解除员工的不满，故这种因素是所谓的“保健因素”。他的研究进一步表明，如果保健因素不能得到满足，往往会使员工产生不满情绪、消极怠工，甚至引起罢工等对抗行为。此外，赫茨伯格从另外1753个案例的调查中发现，使员工感到非常满意的因素，也就是所谓“激励因素”，主要包括：工作富有成就感，工作本身带有挑战性，工作的成绩能够得到社会的认可，以及职务上的责任感和职业上能够得到发展和成长等等。研究发现，这些因素的满足，能够极大地激发员工的热情，对于员工的行为动机具有积极的促进作用。因此提供激励因素常常是管理者调动员工积极性，提高劳动生产效率的有效方法。如果将激励因素与保健因素的作用混淆将会产生哪些不利影响呢？赫茨伯格在研究的过程中还发现如果把某些激励因素，如表扬或某些物质方面的奖励等转变为保健因素，或任意扩大保健因素，都会降低一个人在工作中所得到的内在满足，引起内部动机的萎缩，从而导致个人工作积极性的降低。总之，保健因素与激励因素均是引发动机的因素；但是两者在机制中所起的作用是不同的：其中保健因素仅仅能够消除“不满意”，不能够引致“满意”，而激励因素能够带来“满意”，最终提升工作（学习）的积极性。

值得注意的是，既然保健因素与激励因素都是与激发动机相关的因素，如果在机制中忽视任何一方都是不可取的：如果在机制的构建中不提供保健因素，所造成的后果可能是因环境不具备基本的条件而引致大量的抱怨与牢骚，进而产生对工作绩效不利的“不满”情绪；反之，如果只是一味地创设保健因素，不能提供激励因素，所造成的后果可能是永远达不到我们想要的激励效果。因此在机制建设中先要保证一定量的保健因素；唯有激励因素与保健因素结合，才能有效地激发出所需要的动机。

赫茨伯格的“双因素”激励理论对我国高校构建创新创业的激励机制具有重要的启示意义。首先，“双因素”理论引发对我国整体的创新创业政策的反思。高校的创新创业教育为什么在政府诸多利好政策之下仍然难以有起色？其中是否存在政策着力点的偏差？高校与行政管理机构在创新创业教育的激励机制中各自应该扮演什么样的角色？在此基础上，我们要对机制中存在的各种影响因素首先进行质的分析与分类，明确划分出保健因素与激励因素两部分；其次再进行量的评估与分配，既要保障保健因素能够基本满足需要，又要尽量加大激励因素的比重。双管齐下，以求能够最大限度地激发出大学生创新创业的积极性与主动性。

目前我国高校大学生创新创业激励机制中的激励因素可基本分为两个层次：第一个层次是与获得社会尊重、成就的需要、价值自我实现等相关的精神层面因素①）；第二个层次是与大学生学习和工作的职责以及任务目标密切相关的因素，具体包括挑战性的任务、群体认同、大的工作责任、好的成绩或绩效以及成长和发展的机会等等。大学生在参加创业或类似创业活动中以其绩效实现“自我肯定与自我超越”，高校和社会以合理化的政策措施认可、甚至突出他（她）的成绩，将会为其带来极大的满足感，进行成功创业的积极性得以激发。另外，反观行政管理部门与高校所提供的各项创业优惠政策与措施，如果工作做得不够细致，不能区分层级，便只能属于机制中的保健因素。一味地改善保健因素，并不能提高高校创业教育的效率，不能有效地提高大学生创业率以及成功创业率。对上述两类因素区分的重要的意义是：有助于在构建大学生创业激励机制时正确地设计大学生创新创业的效用函数。显然如何让激励因素更好地发挥作用是提高高校创新创业教育效果的关键所在，因为高校上述激励因素的创设能够增大参与创新创业的大学生的总效用。因此，高校把政策与措施着力点放在激励因素的创建上，可谓“好钢用在刀刃上”。但必须说明的是，强调激励因素，并不是说可以忽视保健因素。高校创新创业激励机制中的保健因素一般包括资金条件、信息条件、物质工作条件等，该条件对大学生开设初创企业提供可行性，其中起必要的保障作用。保健因素缺失也会直接影响到参与创新创业大学生的总效用。

基于此，本书认为，高校大学生创新创业动机的最初激发，须建立在保健因素较完备基础上的，且要创设能够触动他们精神领域的强大激励因素；一旦初创企业建立起来，他们创新创业的成功率则更多地依赖于激励因素发挥作用。因此高校针对创新创业激励机制中这两方面因素均要做好战略规划工作。

5. 大学生创新创业激励机制构建中应注意的问题

（1）决策主体的有限理性

① 在本书的随后章节将对大学生的价值观基础对其创业态度与创业意向的影响进行实证分析。

在创新创业激励机制中，高校应位于决策主体的位置。但是高校可能基于多种原因，如创新创业教育经验缺乏、认知能力有限、掌握信息不全以及公益性责任包袱过重，导致他们在做出相关决策时不会是完全理性的。因此他们只能是有限理性的决策主体。这一性质决定了上述激励机制中的最终博弈结果只能近似但不会达到最优。换言之，高校在其创新创业激励机制中通过对大学生提供边际激励以达到其教育目标的方案，更多的是践行一种科学的决策思路①。这一思路引导高校充分关注大学生在创新创业实践中的收益与成本（所得与所失），既重视他们的内心需求，又积极创设各种外在条件。高校通过设计有效率的激励机制，以期提升其创新创业教育的效果。

（2）创新创业实践中的风险分摊

在创新创业实践中，创业者的绩效往往受其本人无法控制的外生的随机因素的影响，这些因素造成了创业风险。这些随机因素的存在是客观的，无论怎么过滤都会有，因此在激励机制中必须解决风险的分摊问题。

第一，建模法。目前针对这个问题国际上有两种建模方法——状态空间模型化方法（Wilson，1969）和分布函数参数化方法（Mirrlees，1976），而后一种方法在霍姆斯特罗姆（Holmström，1979）的倡导下得以广泛推广。以分布函数参数化的方法来解决激励与风险分摊的最优权衡问题，能够针对创业收益中较好量化的货币收益部分有效地解决我们的问题。下面针对这一方法做简单的论述。

假设存在外生随机因素 θ，大学生参与创业活动所付出的努力 α，创业活动的效果 X（绩效指标），为学校形成的货币收益（效用）为 π，X 与 π 都是 α 和 θ 的函数，即有 $X=(\alpha,\theta)\pi=(\alpha,\theta)$。因为 θ 的不确定性，在激励模型的构建中，就将 θ_i 的各种可能水平纳入模型。具体方法是将 θ 的密度函数、分布函数作为参数，包含在高校的货币收益 π 的密度函数和分布函数中；相应得出其他变量的概率分布与密度函数，一起进入激励模型；然后再分析满足大学生理性约束

① 如前文所述，也是一种“创造性毁灭”的思路。

条件的高校创新创业教育的效用最大化问题。

第二，以风险偏好类型确定风险分摊原则。因为大学生创业者随时面临着各方无法控制的风险，风险的分摊不当就会影响对他们激励的效果。将参与创新创业的大学生按照他们风险偏好程度划分为风险爱好者、风险中性者以及风险厌恶者三种类型。其中，可以将高校视为风险中性者。高校设计大学生的创新创业收益方案时，根据他们的风险类型确定其风险分摊的部分。具体而言，假若某个学生是风险厌恶者，在该学生的收益方案设计中多授之于与风险无关的“固定收益”（包括货币性收益与非货币性收益）无疑会增加方案对他的吸引力；同时，若面对的是风险中性的学生，高校可按部分收益固定和部分收益可变来设计“分成制”方案。但要指出的是，无论是“固定收益”还是“分成制”设计方案，事实上与最优激励原则是有一定差距的：因为只要在收益中存在固定部分，就意味着存在学生不努力就可以获得报酬的可能。但是综合考虑大学生创新创业所面临的多变的环境、影响创业绩效的多种不可控因素，以及大学生的抗风险能力较弱、高校在察知学生努力水平方面可能存在信息不对称或者监督成本过高的情况，学校须承担其中的部分或绝大部分风险。本书认为，虽然这是一个“次优”的选择，却是一个较符合实际情况的正确选择。

（3）激励机制中的道德风险

经济学中的道德风险所指的情境是在信息不对称的情况下参与契约的一方存在欺瞒的行为给另一方带来损失。防范道德风险问题的直接方法便是使交易双方实现完全的信息。若在具备对称信息的条件下，高校对大学生的努力程度了如指掌，就能够避免对方犯“道德风险”的错误。显然高校创新创业激励机制能够针对这一问题更好地发挥作用。

如前文所述，在机制中大学生的身份类似于委托—代理关系中的代理人，他们在接受教育的实践中若存在道德风险问题会直接影响高校创新创业教育的效果。例如学校规定的实习实践，学生根本没参加却随便找个企业盖个章来敷衍塞责；又例如他们在创新创业成果接受验收时对提交报表造假等等。

高校为避免上述情况出现的方法便是通过加大监督管理力度，以获得较充分的相关信息。幸运的是，高校与一般的委托—代理关系中的委托人不一样，它在获取学生相关信息方面具有低成本的优势（可通过团组织、学生组织、辅导员、导师等便捷渠道）。借助这一优势加以细化管理，再结合创业精神培训中的诚信教育能够有效地降低大学生道德风险错误概率。此外，解决问题的另外一个思路是，借助于“市场力量”消除道德风险的影响。按照霍姆斯特罗姆的动态模型，创业者对未来职业声誉的关注（尤其是在经理人市场上的声誉）会督促创业者务实地努力工作、少犯或不犯道德风险错误。按照这一思路，在创新创业教育中避免大学生道德风险错误的一个可行方法便是：高校为参与创新创业的学生建立长久保留下来的、完备的、可供查阅“职业声誉档案”。

值得注意的是，高校作为委托—代理关系中的委托人，也可能存在侵害学生利益的道德风险问题，虽然国内外现有文献对此鲜有研究。鉴于大学生在实践中对学校实施监督实际上有一定操作难度，在信息交流机制中他们往往处于弱势地位，高校在创新创业激励机制中的可能存在的道德风险问题也值得各方关注。要解决这一问题，教育行政管理部门的监管必须到位。在机制中，教育行政管理部门对高校的纠偏可以视为为纠正市场失灵所做出的制度安排。

6. 契约化治理视角下针对高校创新创业教育突破“范式陷阱”路径的思考

（1）回归创新创业教育本质——构建大学生创业激励机制，以契约化制度安排解决创新创业教育低效的问题

高校以构建大学生创新创业激励机制作为创新创业教育的本质，就将创新创业教育纳入了契约化的治理机制。“从某种意义上可以说，契约是一切社会制度安排的核心。因此，理解契约安排背后的经济逻辑是改进现存制度

的缺陷或者设计更有效的制度的关键钥匙，契约理论提供了这样的钥匙。”①高校作为理性（或有限理性）的决策主体，综合思考影响大学生行为选择的动力因素与机制，做出一系列制度化安排，从而改进目前创新创业教育模式存在的缺陷，并提高其运转效率。在大学生创新创业激励机制的框架内，高校在参与约束条件和激励相容约束条件下设计激励契约，来鼓励大学生选择对提高创业教育效果最有利的行动。

本书认为，高校以“创造性毁灭”的思路应大胆地搭建与最优激励机制类似的体制结构，其中让大学生创新创业者成为劳动成果的剩余索取者，按照这一原则，甚至各种形式的承包制、分成制、股权分配等均可以纳入考虑的范围。当然，国内各类高校可根据自身的情况（人才培养目标、学科特色优势等）设计其契约内容并进行相应的契约管理，同时为避免事前签订的契约在多变的外部环境中过于“刚性”，剩余索取权事后配置的方法可以考虑。这种做法尤其在大学生团队科技成果的产业化转化过程中值得提倡。

（2）以市场为导向构建大学生创新创业的激励机制

高校以市场为导向构建大学生创业激励机制，并赋予其层次丰富的内涵。具体内容可包括但不局限于：

第一，高校可将自己坦然地放置在自由决策的主体地位，并且理直气壮地考虑自身的创新创业教育效用问题；

第二，高校要在缜密调查的基础上，为大学生设计具有吸引力的奖酬方案（与学生的创新创业效用直接相关），充分激发出学生参与创新创业以及努力取得创业成功的动力；

第三，大学生的创新创业实践要在足够的调研活动后、并遵循市场规律的前提下开展。大学生的创新创业项目要自动对接目前社会多元化的需求层面，以期提高创新创业的成功率。就整体而言，高校的创新创业教育需要进

---

① 李宝良，郭其友．冲突与合作经济治理的契约解决之道——2016 年度诺贝尔经济学奖得主主要经济理论贡献述评［J］．外国经济与管理，2016（11）：115—128.

行“思维范式的革命”，需打通“学校的分数质量模型、企业的能力胜任模型以及成功创业者素质模型”① 的内在联系（曹胜利，2010）；高校需从创新创业教育相关的人才培养方案着手改革，对教学模式、教学计划、教学大纲等相应地做出转变，其中要充分考虑创新创业教育有效性对应用性与实践性的要求。例如，高校可多开设创业模拟体验与实战训练课程；多采用案例教学法；多借鉴国内外的创业教育先进经验如日本的EPS创业理念、剑桥大学“激励—传授—实施”创业教育方案、清华大学基于“融合”理念的创新创业教育平台等等。②

第四，以市场为导向要充分考虑到市场风险，高校要在激励机制中，结合国家相关利好政策，解决好创新创业风险的分摊问题；尽量为大学生提供创业创新的容错机制：允许个人创新创业目标的多层次化与分阶段化设置与实现；实现创新创业考核评估指标的多元化以及部分指标的弹性化等等。

第五，以市场为导向，将高校置于创新创业教育生态系统的核心地位，需进一步理清教育行政管理部门在其中的地位与作用。教育行政管理部门不是决策主体，但它们对高校的创新创业教育有指导权，同时作为监管主体避免高校犯道德风险错误。

（3）在创新创业的激励机制中构建与之相辅相成的创业文化

在高校的创新创业教育中，文化的激励作用从来不容小觑，因为它构成整个激励机制运转的润滑剂。如前文所述，在系列制度安排中区分激励因素与保健因素是其中的重要环节，而激励因素借助于文化的引导与强化作用能够更好地发挥作用。文化“以一种新的价值理念以及由此而建立的新的价值世界为蓝图，给人们以理想、信念的支撑”③。值得注意的是，在创新创业激励机制下高校所构建的创新创业文化必须与契约管理以及市场化导向的理念

---

① 曹胜利. 大力发展创新创业教育，需要一场思维范式的革命[J]. 出国与就业：就业版，2010（16）：2—3.

② 在本书的第5章，将谈到具体的教与学的方法。

③ 顾伯平. 文化的作用[N]. 光明日报，2005—3—2.

相契合。

目前，我国高校的创新创业教育是“大众创业、万众创新”社会生态系统中的决定性环节。高校通过校际合作、校企合作以及与各级行政管理部门的合作，实现良性互动与资源共享，不断为创新创业教育地走向有序、健康的发展道路创造条件。另外，针对教育行政管理部门在高校创新创业激励机制中的作用，如前文所述，主要起指导和监督作用；但在对高校创新创业教育进行监管、甚至追究其主体责任的同时，亦可对其实施必要的激励措施。这样的做法涉及机制中的另外一对委托—代理关系，即教育行政管理部门与高校之间的委托代理关系。同样，契约化视角下，教育行政管理部门除行政手段外，更强调借助市场化手段来加强对高校的创新创业教育管理，其中建立客观、科学的创业教育效果评估指标体系，特别是发展具有权威性与公信力的第三方独立评估机构，对高校的创新创业教育进行全面、公正地评估，不失为一条有效的途径。

7. 以构建大学生创办中小企业的激励机制作为突破口

在本书第一章的结尾部分，谈及我国在新时代所面临的经济增长模式转变任务，以及该任务相应对高校创新创业教育所提出的迫切要求——高校要倡导参与创新创业教育的大学生积极创办具有创新活力的中小企业。这一历史要求与高校尽快突破其教育“范式陷阱”、有效构建大学生创新创业激励机制的现实任务正好契合。

目前高校在其创新创业教育中，可选择激励大学生创办中小企业作为一切工作的突破口。本书认为，唯有由社会、高校、学生共同组建关于创新创业教育的开放的生态系统，且不断优化这一系统——相继出台有利于大学生创办中小企业的各项制度与政策，才能够塑造一个有利于新儒商成长的良好创新创业环境。

在我国，中小企业事实上为“大众创业、万众创新”的主要载体，它们是市场经济中最活跃的、不可忽视的力量。“小企业是未来经济的支撑”，“将来的大企业是靠今天的小企业生长产生的，微小企业是经济的活力之源”

（马陆亭，2015 年）。中小企业的规模如何？有无划分标准？2011 年 6 月，工业和信息化部、国家统计局、发展改革委、财政部研究制定了《中小企业划型标准规定》，分行业对中、小、微型企业标准进行了详细划分，尤其是根据我国经济社会发展的实际情况，在中型和小型企业的基础上，增加了微型企业标准。以工业企业为例，中小型企业须符合以下条件：职工人数 2000 人以下，或销售额 30000 万元以下，或资产总额为 40000 万元以下。其中，中型企业须同时满足职工人数 300 人及以上，销售额 3000 万元及以上，资产总额 4000 万元及以上；其余为小型企业。微型企业为从业人员 20 人以下或年营业收入 300 万元以下，其他行业大多是 10 人以下为微型企业。

高校大学生的初创企业以中小企业为选择对象，尤其是小微企业，能够充分享受国家财税方面的优惠待遇。我国政府在企业所得税法中的小型微利企业是根据《中华人民共和国企业所得税法实施条例》（中华人民共和国国务院令第 512 号）第九十二条规定，企业所得税法第二十八条第一款所称“符合条件的小型微利企业”，是指从事国家非限制和禁止行业，并符合下列条件的企业：其一，工业企业，年度应纳税所得额不超过 30 万元，从业人数不超过 100 人，资产总额不超过 3000 万元；其二，其他企业，年度应纳税所得额不超过 30 万元，从业人数不超过 80 人，资产总额不超过 1000 万元。我国自 2011 年以来出台了以“国九条”为核心的对中小企业的利好政策，主要包括税收方面的扶持政策与减免政策以及筹资与融资优惠安排等等。例如，国家扶持中小企业的技术创新和进步，提供税收减免、减半等政策。尤其值得一提的是，2017 年 9 月国家修订了《中华人民共和国中小企业促进法》，在其第四章《创业扶持》中第二十五条规定“高等学校毕业生、退役军人和失业人员、残疾人员等创办小型微型企业，按照国家规定享受税收优惠和收费减免”。

此外，高校大学生选择创办中小型企业还具备一些重要的理由：中小企业具有公司规模小、人员少、组织结构简单、初始占用资金少、经营方向灵活以及经营战略调整迅速的特点。基于上述几个方面的原因，选择以中小企业作为其初创企业可谓大学生群体的理性决策结果，这一选择极大地降低了大学生的创新创业风险。事实上如何呢？参照《中国青年报》2016 年 1 月发布的报告，受“大众创业、万众创新”的影响，不少高校的创业者的人数和比例都在增加；教育、信息科技、文化创意等是大学生的主要创业领域，而大学生们创办的多为小微企业。

因此，高校在其创新创业教育中可引导大学生创办中小企业，并按照这一指导方向构建起相应的激励机制。为此，高校须做好以下几个方面的工作：

首先，高校应倡导大学生树立务实的创新创业观。如前文所述，目前在高校的创新创业教育中，培养大学生树立务实的创业观尤为重要。何谓务实的创业观？指的是大学生具有这样的创业理念：他们选择的创新创业项目与其本身的资源与能力相匹配，且与市场多样化需求相对接的创业理念。如前文所述，我国国内不少高校的创新创业教育理念导向存在一定的误区，现有教育范式表现为对大学生创业定位过高，不能有效激发其创新创业动机。当前很多高校在其创新创业教育中传输给大学生必须“做大事、创大业”的意识导致大学生缺乏接地气的创新创业作风，不愿意把握小的商业机会以及经历缓慢的原始资本积累过程，致使他们中一些人所选择的创新创业项目不仅不能充分发挥出大学生自身的专业知识与技能优势，而且与社会的需求远远脱节，从而创新创业失败率较高，结果是直接挫伤了他们的创业积极性与创造性。若想突破上述教育范式的禁锢并提高我国高校创新创业教育的有效性，必须借助激励机制的构建引导大学生培养务实的创业观念，要求他们戒骄戒躁不好高骛远，鼓励大学生从现实与自身条件出发，选择合适的创新创业项目以及决定创业规模的大小，使他们做到既有“鸿鹄之志”又要“千里之行始于足下”。

其次，高校在评估创新创业大学生们的收益与风险时可以初创企业为中小企业作为参照标准。高校在构建大学生创新创业激励机制时，需要综合评估大学生创办企业的风险与收益以确定其效用大小问题。高校要洞察和评估他们愿意选择创新创业的具体原因及其这一选择可能给他们带来的风险。在激励机制的构建时，就业可视为大学生参与创新创业之外的其他选择，相应地，按照契约理论的启示，就业给大学生带来的效用大小就成为高校设计参与创新创业效用的一个重要参照。在激励机制中，大学生是理性的决策者，即，他们在做出关于创新创业的抉择之前往往会审慎地分析各项选择理由，并且会反复权衡比较参与创新创业与参加就业之间的优劣势以及境况差异，最终他们会做出预期期效用最大、对他们未来最有利那个选择。为增加大学生因选择创新创业而获得效用，高校应通过其创新创业教育课程反复阐明选择创新创业所具有多项“收益”，尤其是初始选择为创办中小企业时所带来较大的效用。就整体而言，大学生选择创新创业的一般原因包括：能够满足他们对自由安排生活以及工作的向往，因为创业者的时间与决策都相对自由；创业者较一般就业者能够快速地实现“财务自由”；若某大学生的人生偶像为成功的企业家，则参与创新创业成为他们实现梦想、接近偶像的最佳选择；目前的环境中不容易找到喜欢的就业岗位；参与创新创业比一般就业更能证明自己的能力和实现自身的价值；在当前“大众创业、万众创新”背景下，选择创新创业能够有效地享受政府提供的多项优惠措施等等。与此同时，按照管理学中的一般投资法则——风险是与收益并存，高校在其创新创业教育中，还要培养学生具备审慎地评估、比较每项选择所带来的收益与风险的能力。因为创业与就业相比较，它在给创业者带来大概率高收益的同时，也会令其时常面临无着法回避的风险。大学生选择创新创业所面临的可能风险包括：选择了自身不擅长的经营项目导致企业核心竞争力缺失，进而在激烈竞争中失利；企业资本结构不合理，前期投入过高导致成本压力大，致使在运营过程中投机心态重、回本或盈利心理急切导致市场策略出现问题；创业所选择的行业，具有较高的进入壁垒或退出壁垒，而企业战略调整的弹性不够以及由于危机公关处理不当等带来的商业风险。高校要通过其创新创业教育来引导大学生学会思考与分析：为什么要选择中小企业作为初创企业？为什么创业者创办中小企业会在享有常规收益的同时他们所承担的风险还会大大降低？他们的预期总收益状况如何？

再次，高校在其创新创业教育中对大学生创设的培养目标至少应涵盖初创企业为中小企业时对创新创业者的素质要求。大学生一旦确定未来要进行创业的职业目标之后，接下来他会评估自身的创业能力问题。他会反复思考自己目前是否具备创业者的素质以及如何提升自身水平的问题。一代管理大师彼得·德鲁克曾在1991年东京创业教育国际会议上指出：“任何敢于面对决策的人，都可以通过学习成为一个创业者并具有创业精神。创业是一种行为，而不是个人的性格特征。”按照他的观点，有初步创新创业动机的大学生可以通过后天的培养提升自身的创业素质，进而实现其成功创业的梦想。所谓素质问题，在人力资源管理中一般被称之为“胜任力”。目前国内外针对职业胜任力问题已出现大量的研究成果，专家学者们提出了诸多胜任力模型。其中美国学者莱尔. M. 斯潘塞于1993年提出的冰山模型为较为典型的一种。依据这一模型，个体的胜任力可划分为五个要素：知识（行为与技能）、价值观（态度）、自我形象、个性（品格）、内驱力（社会动机）。根据冰山模型所诠释的理论含义，人的全部素质如同一座浮在水中的冰山，以水面为界基本分为两大部分；其中水面之上部分为人的显性素质（既包括知识、行为与技能，也包括外在形象以及可以通过各种证书验证的技术能力）；水面之下的部分为人的隐性素质（包括价值观、自我认知、品格和内驱力等）。模型还认为，相对于显性素质，隐性素质对个体的未来发展具有深远的影响。

在此借助胜任力冰山模型分析一个准创业者所需具备的显性素质与隐性素质。在模型中，显性的素质表现为与创新创业直接相关知识、一些能加以验证的技能以及其他的外在条件，具体包括法律知识、营销知识、财务知识、融资与投资知识等，甚至包括创业者个人的外在条件体貌特征等等；隐性的素质则体现为动机、品质、自我认知以及价值观等等，而创业者是否具备隐性的素质是决定其创新创业能否走向成功的一个重要条件。换言之，大学生们若因为显性的素质条件暂时缺乏而止步于参与创新创业，无疑是“因噎废食”的做法。

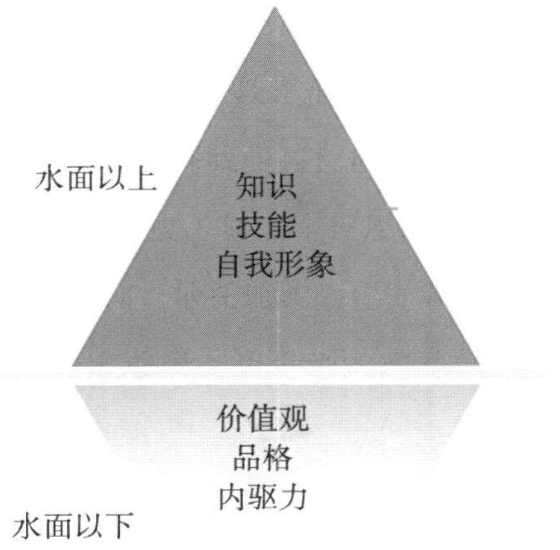

图 3.2　胜任力冰山模型示意图

在高校的创新创业教育中，为保障大学生创业激励机制的运转，不仅要针对创业者所需具备的显性素质因素，提供必设的培训课程，而且尤其要为大学生专门强化隐性素质的培育①。

高校的创新创业教育，应基于对大学生创新创业教育的重新定位，重点把握中小企业的运营规律及其对创新创业者的基本素质要求，为大学生们提供相应的课程与训练，应围绕培养大学生的社会责任感、创新精神与实践能力编写创新创业教育的教学计划以及相应的教学大纲、实施方案等整个内容体系；尤其强调解析对初创企业为中小企业的创新创业者的素质要求，不仅让学生们具备知识、技能等与显性素质提升相关内容，还重点塑造关于企业家精神的价值观、培养新儒商品质以及提升他们的创新创业意愿，这些重点培养的内容多与“胜任力”模型中的隐性素质相关。当然就创新创业者的隐性素质要求而言，初创企业的规模大小没有很大的区别，因为几乎每个创业者都有其做大做强的梦想，对有知识有抱负的大学生尤其如此。

在本书的后续章节，如第四章将重点探讨价值观、态度等与隐性素质相关的问题，它们和创业意向之间的因果关系，以及该种因果关系对高校培养

① 在本书的后续章节（第四章、第五章）将论证和分析相关的问题，并提出具体的建议。

“创造性毁灭”企业家精神的启示作用；第五章将进一步探讨我国高校的创新创业教育在教与学相关方面的具体方法问题。

综上，本章节内容围绕着两个方面的内容展开：一是高校创新创业教育现状以及存在问题；二是关于突破教育“范式陷阱”的“创造性毁灭”思路。针对第一个方面的内容，本书在调查研究的基础上列举了中外高校目前在创新创业教育方面所存在的各种各样的范式，总结了创新创业教育的发展现状，尤其分析了一些高校已经陷入教育“范式陷阱”不能自拔的状况；针对第二方面的内容，本书提出通过借鉴新制度经济学理论成果探索高校如何突破创新创业教育“范式陷阱”的思路。这一思路便是将高校创新创业教育的本质界定为构建大学生创新创业的激励机制，以契约化视角对高校的创新创业教育重新做出一系列的制度安排；在这一安排中将高校与大学生均置于自主决策的主体地位，以效用最大化为其决策目标。同时，在激励机制的构建过程中建议高校以激发大学生创办中小企业为突破口。

表面看来，本章节内容重点为揭示目前高校创新创业教育的现状以及提出构建大学生创新创业激励机制的构想，与“创造性毁灭”貌似没有很大的关联。但是事实上，本章节内容完全践行了“创造性毁灭”的思路。目前我国不少高校在其创新创业教育中习惯于沿袭和套用教育范式或模式，这种惯性和惰性做法所带来的安逸与方便让他们乐此不疲。高校若想尽快地脱离上述教育“范式陷阱”的禁锢，必须具有壮士断臂的“毁灭”气魄以及改变现状的“创造性”思维，而高校推翻已有的不成功做法并且做出相应的契约化选择——以一系列制度安排来改进与提升创新创业教育的效率，无疑是一种将“创造性毁灭”思路付诸教育实践的做法。

第四章　“创造性毁灭”精神与我国高校培育企业家精神的路径

何谓企业家精神？在商界驰骋多年的企业家们对此颇有感悟。新华网高端智库平台——思克，曾经就该问题就国内的企业家们进行调研。马云认为“企业家就是经济社会发展中的科学家。当今，各国最大的问题都是经济问题，而经济问题的第一担当者、第一责任人是企业家群体，我们必须要有这份担当，必须要学习”；黄怒波认为“创新是企业家精神的核心”；刘永好认为“有爱，有创造，有担当，还要有创新和变革”；而王石则认为“一定包含对社会的某种担当、承担。既然是担当、承担，就要承受一般人想象不到的东西。企业家精神要有这种承受力和自制力，但更可贵的是要有一种‘破坏性的创造’”。因此，针对上述问题来自企业界的答案基本可以归结为：创新与担当是企业家公认的企业家精神要素。与此同时，国内学术界对企业家精神问题的探讨一直没有间断过。学者殷丽梅（2016）从创新驱动发展战略的视角提出企业家要具备“创新精神、战略眼光、冒险精神和个人魅力”①；朱富强（2017）在对奥地利学派市场过程观进行审视时，认为他们“将企业家精神的本质视为对以前未被认识到的机会的敏感机警”②；周敏慧，Jean－Louis ARCAND和陶然（2017）将企业家精神与创业意向及创业活动紧密联系起来，认为具有企业家精神则倾向于自我雇佣或从事企业家型的自营活动，

① 殷丽梅．论创新驱动发展战略下企业家精神的培养［J］．重庆科技学院学报（社会科学版），2016（07）：48．

② 朱富强．市场主体的分散行动能否导向市场协调——奥地利学派的市场过程观审视［J］．天津社会科学，2017（6）：112．

并以特定家庭成分为理想的代理变量来识别非物质企业家资本代际传递对个人创业活动的影响。贾亭（2018）侧重对新时代企业家精神的研究，他认为企业家精神的重构内容反映了时代的现实需求，即为“重视创新，凸显时代特征与强调法治精神”①。因此，学术界针对企业家精神的研究内容主要集中在：创新精神、冒险精神、创业意向（行为）以及时代特征。

基于企业界与学术界的上述观点，本书关于企业家精神的研究重点为时代的担当、创新与冒险以及创业意向或创业行为。党的十九大报告中提到“创新是引领发展的第一动力，是建设现代化经济体系的战略支撑”，同时要求“激发和保护企业家精神”。如前文所述，从学术研究的角度，较早将创新与企业家精神紧密联系在一起、进行系统研究的是约瑟夫·熊彼特，他在1912 年出版的《经济发展理论》一书中将企业家界定为能够“实现生产要素重新组合”的创新者。为了更加完整的阐释这一问题，熊彼特在《资本主义、社会主义和民主》一书中，不仅肯定了企业家在“创造性毁灭”中的主体作用，并且指出关乎资本主义存亡的一个重要原因便是“企业家作用的废止”②，其中含义可以作这样的解释：当社会中具有创新和冒险精神的企业家阶层被偏好稳定收入和保障的管理者阶层所取代时，就意味着资本主义失去了倾向创新的动态趋势与进取精神。借鉴熊彼特的上述理论，把十九大报告的相关内容、国务院“大众创业、万众创新”号召以及教育部关于高校创新创业教育指导思想联系起来，从中可以得知，我国决策层的决心所至以及高校在创新创业教育中的担当所在：在新时代须为我国现代化经济体系的构建，培育具备创新与冒险精神的企业家阶层。因为这一阶层在民族复兴、中国梦的实现中负有重要的历史责任。基于此，本书将创新与冒险视为“企业家精神”的特征构成。高校首当其冲成为培养企业家精神的摇篮。其中有两步工作需要去做：第一是为培养企业家精神塑造相关的价值观基础；第二是增强

① 贾亭. 新时代企业家精神的重构逻辑［J］. 广东社会主义学院学报，2018（03）：84—88.

② Joseph A. Schumpeter. Capitalism, Socialism and Democracy［M］. Edition Published in the Taloy & Francis e－Library, 2003：59－134.

大学生的创业意愿，因为企业家精神的滋养离不开创业实践的土壤。鉴于高校大学生的创业行为更多地发生在毕业之后，如果将企业家精神视为高校与社会接力培养的系统工程，高校的核心任务就是关于企业家精神的价值观塑造与创业意向的培养。高校毕业生须在价值观、创业意向等精神层面上为成为具有企业家精神的社会实业家做好准备。

如上所述，在新时代高校应具有企业家精神培养的担当，围绕着核心任务进行培养路径的探讨成为必然。在本书第二章，将新时代企业家精神界定为“创造性毁灭”，并且将“创造性毁灭”企业家精神的构成维度界定为创新与冒险。本章节将以此为基础，继续探讨“创造性毁灭”企业家精神的培养路径问题。就目前国内的相关研究而言，存在以下不足：研究内容过于宽泛，方法多规范研究少实证研究，在进展上尤其体现为对价值观和创业意向之间的关系规律探索不够。本文立足于弥补上述研究不足，借助实证研究的方法，完成以下几项工作：第一，厘清高校大学生中与企业家精神相关的价值观基础现状：目前对高校大学生具有重要影响力的价值观是什么？与创新和冒险（企业家精神）相关的价值观在大学生心目中的重要性如何？第二，验证价值观与创业意向之间的逻辑关系：各类价值观对创业意向的影响程度如何？尤其是与创新和冒险（企业家精神）相关的价值观与创业意向之间的因果关系如何？在上两步工作的基础上将完成第三项工作：针对如何构建高校关于企业家精神的培养路径提出建议。

一、关于高校“创造性毁灭”企业家精神培养路径的实证研究

（一）关于“创造性毁灭”企业家精神的价值观基础界定

1. 价值观、创业态度与创业意向之间的层级（hierarchy）因果关系假设

针对个体价值观的来源，（Gronhoj 与 Thogersen，2009）认为，一方面来自于孩童时期社会文化及其他主流群体价值观，另一方面来自于自身独特的学习体验。其中第二个来源表明通过学习是可以塑造或匡正个体的价值观的。此外，学者 Homer 等（1988）构建了价值观—态度—行为的 VAB 模型，认为价值观

对行为的影响可能借助于态度这一中介。国内学者赵向阳等（2014）的研究结果表明价值观对创业意向发挥作用，但同时也验证了其中存在着中介作用。李国锋等（2016）验证了创业态度对创业意愿具有显著的影响效果。

基于上述文献研究结果，本文假设在大学生的价值观（VALUE）、创业态度（ATTITUDE）与创业意向（INTENTION）之间存在着跟 VAB 类似的、VAI 层级（hierarchy）关系，并在实地调研的基础上，利用结构方程模型对上述层级关系进行验证。

2. 施瓦茨价值观测试量表以及“创造性毁灭”企业家精神在量表中所对应的价值观基础

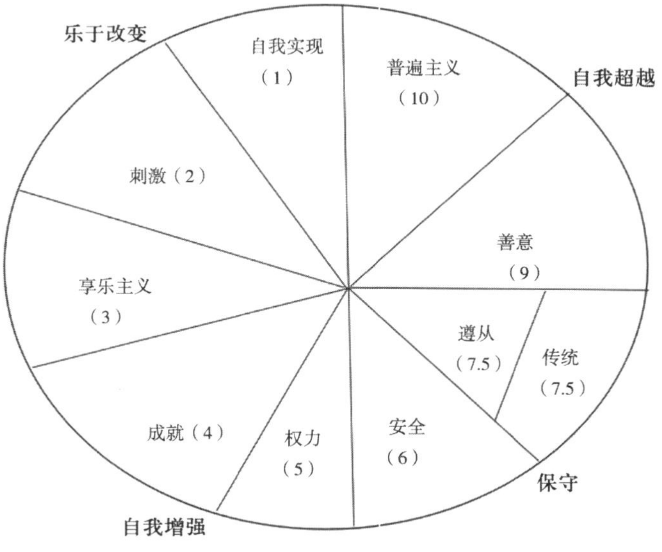

图 4.1　10 类价值观构体关系理论模型示意图

图片来源：SHALOM H. SCHWARTZ GILA MELECH ARIELLE LEHMANN. EXTENDING THE CROSS - CULTURAL VALIDITY OF THE THEORY OF BASIC HUMAN VALUES WITH A DIFFERENT METHOD OF MEASUREMENT. JOURNAL OF CROSS - CULTURAL PSYCHOLOGY. Vol. 32 No. 5, SEPTEMBER 2001. P522.

施瓦茨（Schwartz，1992）在全球广泛调研的基础上，利用多种测量工具，提出了一个由十类基础价值观组成的价值观体系。这十类价值观分别为：

自我实现（Self - Direction）①、刺激（Stimulation）、享乐主义（Hedonism）、成就（Achievement）、权力（Power）、安全（Security）、遵从（Conformity）、传统（Tradition）、善意（Benevolence）和普遍主义（Universalism）。在该价值观体系中，每一类价值观都拥有自己的位置。请见图4.1。

图4.1中的圆形结构展示了施瓦茨价值理论体系下的各类价值观之间的联系与区别（关系）。

图4.1中，在圆环上处于相近位置的两类价值观，则代表两者具有类似的动机基础，而距离位置最远的价值观表示它们的动机基础也大相径庭。例如遵从、传统与安全价值观的动机基础是相类似的，而它们与刺激和自我实现的动机基础则存在最大的差异；同样的，自我实现与刺激两类价值观在图中的位置相邻，则表示它们的动机基础相近，此外它们还具备“乐于改变”的共通含义。为了增强上述价值观理论体系的应用性，施瓦茨（2001）进一步开发了包含40个项目在内的肖像价值观量表，简称为“PVQ—40”，以便于针对个体价值观的类型进行问卷调查。PVQ又被称为肖像价值观测量量表，是因为在量表中针对每类价值观的每一个测量项目均描述了一个肖像（人物），被测试者只需要判断自身与所描述的肖像特征在多大程度上具有相似之处，即可作出判断。因此，PVQ在实际应用中表现出非常直观与简便的优点。为了更加清楚地说明各类价值观的内涵、特征以及它们在PVQ中所体现出来的目标含义，特将10类价值观构体的具体定义详细介绍如下。请见下表4.1。

① 也译作自我导向。

表4.1 PVQ中10类价值观构体定义（男性版本）①

权力：社会地位与声望，以及对人和物的控制或支配。他喜欢掌控事情进展和指挥别人去干事情。（同时他希望别人能够听从他的指挥）
成就：按照社会标准所展现出的个人成功。（取得成功对他而言是意义非凡的。他喜欢自身能够脱颖而出并令别人刮目相看）
享乐主义：愉悦，本人在感官上非常满足。（他真心喜欢享受生活。过得愉快对他而言是件非常重要的事情）
刺激：激动，新奇，以及生活中的挑战。（他找寻探险经历且乐于冒险。他想过惊心动魄的生活）
自我实现：独立的思想和行为选择，创造力，探索力。（他认为兴趣是很重要的。同时他也很好奇，且愿意去理解所有的事情）
普遍主义：理解，欣赏，容忍和保护所有人的福祉，包括对大自然的欣赏和保护。（他认为世界上做到人人平等是件重要的事情。他希望每个人，甚至包括他所不认识的人，都能够得到正义）
善意：保持和增进别人的福利，且这个“别人”是与他有过频繁接触的。（他总是设法帮助与他亲近的人。对他来说，关心他所认识和喜欢的人是非常重要的）
传统：尊重、承诺和接受由传统文化或宗教为本人所提供的风俗和观念。（他认为依据从家庭所学到的方式去行事是很重要的。他试图遵循他们的习俗和传统）
遵从：对可能扰乱或伤害他人，以及违反社会期望或规范的行为、倾向和冲动进行抑制。（他认为人们应该听从别人的吩咐。他认为人们在任何时候都应该遵守规则，即便在没有人监督的时候）
安全：社会，人际关系以及自身的安全与稳定。（国家的安全对他而言意义重大，他非常希望他的祖国能够远离敌人）

在施瓦茨发表PVQ—40的相关研究成果之后，欧洲社会调查工作组从PVQ—40中挑选②21个项目以形成调查个体信念情况的价值观量表，简称为“PVQ—21”。目前该量表在国际上被广泛应用。基于施瓦茨价值观理论体系

① SHALOM H. SCHWARTZ GILA MELECH ARIELLE LEHMANN. EXTENDING THE CROSS－CULTURAL VALIDITY OF THE THEORY OF BASIC HUMAN VALUES WITH A DIFFERENT METHOD OF MEASUREMENT. JOURNAL OF CROSS－CULTURAL PSYCHOLOGY. Vol. 32 No. 5, SEPTEMBER, 2001. P521. 本书作者针对其中的部分内容作了意译，为严谨起见在本书的附录部分随附了相应的英文原文。

② 除了挑选之外，欧洲社会调查组还对PVQ—40做了项目微调。

的 PVQ—21，在国外使用时被证明“具有良好的信度与效度”① （Davidov. e.，2008）；国内学者高志华、杨绍清（2016）以他们的研究成果表明，“PVQ—21 中文版具有良好的信度和效度，符合测量学使用要求，可用于中国人价值观的测量”②。

基于此，本书在实地调研过程中采用了 PVQ—21 肖像价值观测量量表，且基本上借鉴了高志华、杨绍清（2016）的中文翻译版本。

表 4.2 展示了 PVQ—21 肖像价值观测量问卷。

表 4.2 肖像价值观测量问卷（PVQ—21）

序号	项目	非常像我	像我	有些像我	有一点像我	不像我	一点都不像我
1	创造性和新颖的想法对他（她）来说很重要/他（她）喜欢用独创的方法做事	1	2	3	4	5	6
2	财富对他（她）很重要/他（她）想拥有很多钱和贵重的东西	1	2	3	4	5	6
3	他（她）认为平等对待世界上的每一个人很重要/他（她）相信在生活中每一个人都应该有平等的机会	1	2	3	4	5	6
4	展示自己的能力对他（她）来说很重要/他（她）想让人们都能欣赏自己的才华	1	2	3	4	5	6
5	生活在安全的环境中对他（她）很重要/他（她）回避任何可能危及安全的事情	1	2	3	4	5	6
6	一生中做很多不同的事情对他（她）很重要/他（她）总是想尝试新鲜事物	1	2	3	4	5	6

① Davidov E. A.. Cross – country an Human Values Measurements with the Second Round of the European Social Survey [J]. Survey Research Methods 2008 2 (1): 33 –46.

② 高志华，杨绍清，Juergen Margraf，Xiaochi Zhang. 施瓦茨价值观问卷（PVQ—21）中文版在大学生中的修订 [J]. 中国健康心理学杂志，2016 (11): 1684—1688.

（续表）

7	他（她）认为应该按照要求去做事情/无论是否有人监管都应该遵守规定	1	2	3	4	5	6
8	他（她）认为倾听与自己观点不同的意见很重要/就算他不赞同，他（她）仍然想要理解这些观点	1	2	3	4	5	6
9	谦逊温和对他（她）很重要/他（她）试图不引起别人的注意	1	2	3	4	5	6
10	享受生活的快乐对他（她）很重要/他（她）喜欢“宠爱”自己	1	2	3	4	5	6
11	凡事自己做决定对他（她）来说很重要/他（她）喜欢自由，而不依靠他人	1	2	3	4	5	6
12	帮助周围的人对他（她）很重要/他（她）关心他们的康乐	1	2	3	4	5	6
13	成功对他（她）很重要/他（她）希望人们都能认可他（她）的成就	1	2	3	4	5	6
14	政府确保他的安全以防所有威胁对他（她）很重要/他（她）希望国家强大能够保护自己的公民	1	2	3	4	5	6
15	他（她）寻求奇遇，喜欢冒险/他（她）想过令人兴奋的生活	1	2	3	4	5	6
16	他（她）认为举止得体很重要/他（她）尽量避免做那些人们认为不对的事情	1	2	3	4	5	6
17	别人的尊重对他（她）很重要/他（她）希望人们按照他说的来做	1	2	3	4	5	6
18	对朋友忠诚对他（她）很重要/他（她）愿意为身边的人付出	1	2	3	4	5	6
19	他（她）坚信人们应该关爱大自然/保护环境对他（她）很重要	1	2	3	4	5	6

（续表）

20	传统对他（她）来说是重要的/他（她）试图保持自己从宗教或者家庭得来的风俗习惯	1	2	3	4	5	6
21	他（她）把握每一个享乐的机会/做令自己开心的事对他（她）很重要	1	2	3	4	5	6

注：表中1、11——自我实现；2、17——权力价值观；3、8、19——普遍主义；4、13——成就；5、14——安全；6、15——刺激；7、16——遵从；9、20——传统；10、21——享乐主义；12、18——善意。

值得注意的是，为了保证实地调研时的测量效果，在上表中针对同一价值观类型的两个或三个测量项目被人为地隔离开来。例如针对“普遍主义”价值观的测量项目有三个，但它们在表中没有被放置到一起，而是被分别被置于量表中的3、8以及19的位置。

在介绍了量表PVQ—21之后，我们进一步考察量表中所涉及的十类基础价值观中，哪些价值类型与“创造性毁灭”企业家精神是匹配的。如前文所述，“创造性毁灭”企业家精神的主要特征为“创新与冒险”，也就是说，我们要在量表中寻找跟“创新与冒险”语义最近的测量目标及其所对应的价值观类型。在十类价值观中，自我实现价值观包含了两个测量项目，或者说，它具有两层具体的含义：一是“创造性和新颖的想法对他（她）来说很重要，他（她）喜欢用独创的方法做事”；二是“凡事自己做决定对他（她）来说很重要，他（她）喜欢自由，而不依靠他人”。由其中的意义不难看出，“创造性毁灭”企业家精神中的创新特征与量表中自我实现价值观几乎寓意相同，可谓是契合的。同样的方法，针对企业家精神的另一个特征——冒险，在量表中也能找到与其寓意相同的价值观类型，那就是刺激价值观。因为刺激价值观所包含的两个测量项目分别为：一是“一生中做很多不同的事情对他（她）很重要，他（她）总是想尝试新鲜事物”；二是“他（她）寻求奇遇，喜欢冒险。他（她）想过令人兴奋的生活”。与此同时，在施瓦茨价值理论体系中自我实现与刺激价值观两类还共享了相通的含义——“乐于改变”（请参见图4.1）。这进一步表明在这两类价值观之间本来就存在着内在的一致性，且具备被组合在一起、而不会造成相互排斥的基础条件。

基于此，我们可以得出结论，在PVQ—21中与“创造性毁灭”企业家精神中所包含的创新和冒险特征相匹配的基础价值观类型是：“自我实现”和“刺激”。借助这一结论，在随后的实证分析中，我们就可以将“创造性毁灭”企业家精神的价值观基础直接确定为PVQ—21量表中的“自我实现”和“刺激”。在此基础上，借助量表开展调研活动，就能测量出被调查对象是否属于“自我实现”与“刺激”价值观类型，进而判断“创造性毁灭”的企业家精神目前在大学生中的价值观基础如何。

接下来，我们要考察和分析的是，在我国高校大学生群体中“创造性毁灭”企业家精神的价值观基础是否广泛？如果不是，那么哪些类型的价值观在他们中比较盛行呢?① 更重要的是，具备“自我实现”与“刺激”价值观基础的大学生是否较其他类型的大学生在其创业态度上更加积极以及在创业意向上更加强烈呢？“创造性毁灭”价值观与创业态度以及创业意向（或行为）之间是否存在层级关系？为回答上述问题需要借助实证分析的方法进行研究。

（二）价值观—创业态度—创业意向之间的层级关系验证

1998年在发展与教育心理学领域，Homer与Kahle在调研基础上构建了诠释价值观—态度—行为三者之间关系的VAB模型。该模型认为，价值观对行为施加影响作用，态度可于其中发挥中介作用。他们的这一研究成果被学术界称之为VAB理论。基于此，Lee & Wong在（2003）进一步验证了创业态度与创业行为之间存在显著关系。国内学者赵向阳、李海与孙川（2014）基于中国的实地调研成果表明了个人价值观足以影响创业意愿，但是，与

① 针对目前高校存在创新创业教育“范式陷阱”的情况，研究者了解高校大学生群体所盛行的价值观类型是非常有必要的。因为如果在创新创业教育低效的情况下大学生却普遍具备企业家精神的价值观基础，那我们的研究方向与重点就会转移到创业意向和创业行为的消极因素方面；反之，如果大学生在“创造性毁灭”企业家精神的价值观基础方面本身就存在不足之处，那么研究的着眼点或重点自然会在价值观的塑造方面。

Homer 与 Kahle 的 VAB 理论有小的分歧，赵向阳等认为其中发挥作用的中介变量为创造力。李国锋、孙雨洁与张冰超（2017）的研究成果指出，中国大学生群体的创业态度对其创业意向发挥显著影响作用，与此同时，他们还特别指出，在大学生的价值观，创业态度和创业意向之间可能存在着类似于 VAB（价值观—态度—行为）的层级关系。这一结论对包括本课题在内的后续研究尤其具有启发意义。因为目前我国高校大学生校园内的创新创业行为并不普遍，他们的创业行为更多的是发生在大学毕业走上社会之后。①

本书认为，针对大学生企业家精神的培养，大学生创业意向的提升是研究的重要目标之一。在借鉴上述研究成果的基础上，本章节内容以 VAB 理论为参考，但是针对该理论体系中的“行为”，根据我国高校创新创业教育的实际情况将之调整为“意向”。因此，我们的验证内容为：价值观—创业态度—创业意向之间的层级关系。在本书中将这一层级关系简称为 VAI（VALUE – ATTITUDE – INTENTION）关系。

1. 研究假设

在文献回顾的基础上，在此提出以下两点假设：

H1：我国高校大学生群体的创业意向随着“自我实现”和“刺激”价值观在他们心目中的重要性增加而增强。

H2：价值观对大学生群体创业意向的影响既发挥直接作用又发挥间接作用，其中的间接作用以创业态度为介质，从而形成了价值观—创业态度—创业意向之间的有效层级关系。

针对假设 1（H1），我们拟解决的是“创造性毁灭”企业家精神的价值观基础是否对创业意向具有积极的影响。因为就高校培养“创造性毁灭”企业家精神的任务而言，企业家精神价值观基础的塑造以及大学生创业意向的提高为基本内容。若通过实证分析能够证明这两项任务能够相互促进，或者

---

① 这可能意味着在关于校园大学生创新创业研究的实证分析中关于创业意向较创业行为的相关数据可能更具有研究价值。

实际上能够一起完成——第一项任务内容与第二项任务内容实质上构成因果关系，就能够为我们确定企业家精神的培养路径奠定理论基础。此外，假设2（H2）是在借鉴VAB理论的基础上，从直接和间接两个层面上考察大学生基础价值观对其创业意向的全面影响。

2. 研究过程

为了评估目前我国高校大学生群体的基础价值观的现状，厘清价值观与创业态度、创业意向之间的整体逻辑关系，并验证上述两个研究假设，我们在国内多个高校中开展了广泛的实地调研工作。我们通过调研获取了在校大学生群体的价值观、创业态度、创业意向甚至创业行为的相关数据，进而借助结构方程模型对该数据进行了分析和验证，并且得到了初步的结论。

（1）调查过程描述

调查人员于2017年期间，重点针对及山东、上海以及北京地区以在校大学生的基础价值观类型、创业态度以及创业意向进行了实地调研活动。

针对调研的选择区域需要说明的是，选择国内高校云集的北京与上海地区无可厚非；但是之所以选择山东地区，除考虑课题组成员具有地缘优势之外，还因为目前山东地区高校在创新创业教育方面尚未进入国内先进行列，且教育“范式陷阱”现象较为普遍，存在突破“范式陷阱”、提高教育有效性的强烈诉求。

调研人员选择的地点分别在各地区大学城的高校校门口、自修室、宿舍区等学生出入密集的区域。具体的调查问卷内容请见附录部分。用于实地调研的实际发放试卷为500份，回收问卷为480份，回收率达到96%；回收答卷中的有效问卷仅为402份，故有效问卷率为83.75%。

被调查对象的具体人口统计资料请见表4.3。

表4.3 样本的人口统计资料

项目		所占比重
学历	本科	96.0%
	专科	2.1%
	研究生	1.9%
性别	男	55.1%
	女	44.9%
专业	文	36.8%
	理	53.1%
	工	10.1%
生源地	农村	48.0%
	城市	52.0%
家庭贫富状况	贫穷	18.7%
	一般	63.9%
	富裕	17.4%

课题组成员实施上述实地调研活动是随机进行的。通过回收答卷的结果反馈得知，受访人员中正接受本科教育者占绝大部分；其中男性所占比重略高于女性；理工科专业者占据一半以上；生源地来自农村和城市者几乎势均力敌；家庭富裕者与贫穷者均不足20% 。必须指出的是，上述数据来源均建立在受访者个人声称的基础上，意味着存在一定的不确定性；即便调查问卷的设计者已对此作出了一定努力：例如家庭贫富标准线设为：家庭收入10万元以下（贫穷），10万 –50万元（一般），50万元以上（富裕）。

（2）变量设计

实地调研所使用的价值观量表为PVQ—21，请见表4.2。价值观PVQ—21问卷中的所有答复均按1到6点计分。在十类价值观的问卷中共设有21个项目，每一类价值观包含2个或3个测量项目（其中普遍主义包括3个项目，其余均为2个）。其中每个测量项目均采用描述一个肖像（人）的方式，例如“他（她）把握每一个享乐的机会。做令自己开心的事对他（她）很重要”，或者“他（她）认为平等对待世界上的每一个人很重要。他（她）相信在生活中每一个人都应该有平等的机会”，要求被调查者回答项目中所描述的那个人在多大程度上与自己相似，并且按照“非常像我”“像我”“有些像我”“有一点像我”“不像我”与“一点都不像我”的顺序，从1到6进行计分，选择相应顺序的受访者将得到相应的分数。按照设计原则，显然受访者在某一项目上得到的分数越低则意味着他所越明显地具备该项目所归属的价值观类型特征。

创业态度问卷的设计借鉴 Agata Chudzicka－Czupała 等（2015）的做法，设计了四个语义差别项①，整个问卷采用了李克特5点量表进行测量。针对创业态度的调研结果分析，受访者从中得到的分值越低，则表示其越赞成创业；反之，他（她）得到的分值越高则表示其越反对创业。创业意向问卷设计了三个语义差别项，仍采用李克特5点量表进行测量；与创业态度问卷的设计原理类似，同样表示：受访者从中得到的分值越低则表示他（她）的创业意向越强。

（3）分析方法

在实证分析中采用 SPSS 19 软件用于描述性统计分析、信度与结构性效度检验；并且以 AMOS 22 进行验证性因子分析和结构方程模型（SEM）的运算。特别要提到的是，SEM 分析的主要优势是能同时处理多个因变量，且允许其潜变量包含一定的测量误差。考虑到由有效量表得到的样本数据数量略小于500（共402份），为保证最佳效果我们按照 Hu，Bentler 与 Kano（1992）的建议，在使用 AMOS 时，采用了 GLS（广义最小二乘法）取代 ML（最大似估计法）进行假设检验。

（4）检验结果

①变量数据的信度与效度检验

针对调研所收集数据，在正式使用之前，进行信度与效度检验是必要的

---

① 创业态度与创业意向的调查问卷请见附录部分。

工作。首先，借助对克隆巴赫系数的考察进行信度检验。针对十类价值观测算数据的检验结果表明，它们总的克隆巴赫系数（Cronbachα）为0.852，其中自我实现价值观为0.429，权力为0.379，普遍主义为0.572，成就为0.562，安全性为0.396，刺激为0.558，遵从为0.393，传统为0.461，善意为0.577，享乐主义为0.462。按照J. P. Gilford观点，当Cronbachα值大于0.7时，属于高信度；Cronbach α值大于等于0.35小于0.7时，属于尚可范围，若数值小于0.35则被认定为低信度。由上述结果得知，克隆巴赫系数值较小的有权力、安全性和遵从三类价值观变量数据，但它们仍属于信度尚可的范畴。此外，针对创业态度的变量数据，得到的克隆巴赫系数为0.833；而创业意向变量数据对应的克隆巴赫系数为0.808，这两者均属于高信度的范畴。

为了进一步考察各变量所涉及数据的效度情况，在此通过因子分析对问卷进行结构效度的检验。其中采纳的判定标准为：以KMO和Bartlett检验值为准；当KMO值大于0.7时，则说明问卷的结构效度良好。十类价值观变量数据的检验结果表明，它们所对应的KMO值达到0.867（P值为0）；在创业态度变量数据所对应的检验结果中，KMO值达到0.802（P值为0）；而在创业意向变量数据所对应的检验结果中KMO值为0.710（P值为0）。由此可见，上述三类变量所对应问卷的结构效度均符合要求。

②关于各类价值观之间的相关性分析

按照施瓦茨价值观理论体系的设计原理，十类价值观之间存在着或高或低的关联性。各类价值观之间的相关性对分析价值观和其他构体之间的关系有一定的意义，例如与态度和意向之间的关系。这是因为在同一个回归或结构方程模型分析中，如果多个变量之间存在强的相关性，却被合在一起作为独立变量时就可能导致多重共线性（Perrinjaquet et al.，2007）。因此本书针对各类价值观之间的关系进行相关性分析，相应结果请见表4.4。由表4.4中的结果得知，各类价值观之间的相关性均为正值，表明它们之间存在着正相关的关系。其中，普遍主义价值观与其他类型的价值观之间的相关性较高

（例如，它与善意的相关性为 0.660，与遵从为 0.547）；而我们的考察重点——自我实现价值观与刺激价值观，它们两者之间的相关性为 0.466。

表 4.4　各类价值观间的相关性

	普遍主义	自我实现	权力	安全	成就	刺激	遵从	传统	享乐主义	善意
普遍主义	1	.304**	.204**	.449**	.468**	.325**	.547**	.270**	.402**	.660**
自我实现	.304**	1	.349**	.246**	.354**	.466**	.238**	.236**	.223**	.257**
权力	.204**	.349**	1	.364**	.418**	.261**	.237**	.197**	.339**	.178**
安全	.449**	.246**	.364**	1	.416**	.172**	.397**	.346**	.357**	.417**
成就	.468**	.354**	.418**	.416**	1	.318**	.338**	.170**	.366**	.444**
刺激	.325**	.466**	.261**	.172**	.318**	1	.247**	.198**	.263**	.261**
遵从	.547**	.238**	.237**	.397**	.338**	.247**	1	.435**	.255**	.473**
传统	.270**	.236**	.197**	.346**	.170**	.198**	.435**	1	.229**	.272**
享乐主义	.402**	.223**	.339**	.357**	.366**	.263**	.255**	.229**	1	.388**
善意		.660**	.257**	.178**	.417**	.444**	.261**	.473**	.272**	.388**

**. 表示在 0.01 水平上（双侧）显著相关，其中相关性为 Pearson 相关系数。

③各变量的得分均值

接下来考察各变量的平均得分情况。这一数值的大小对考察评估由单个变量所反映出的现实情况尤其有重要意义。例如，就价值观而言，一个地区代表性群体的价值观平均得分常常被视为该国文化价值的构成指标之一（Maleki and de Jong，2014）。本书在此将实地调研所得样本范围内大学生群体的价值观、创业态度以及创业意向的得分均值的结果逐一列出。详见表 4.5。

表 4.5　各类价值观以及创业态度与意向的得分均值

均值	普遍主义	自我实现	权力	安全	成就	刺激	遵从	传统	享乐主义	善意	创业态度	创业意向
	2.28	2.54	2.66	2.59	2.45	2.63	2.47	2.83	2.39	2.21	2.06	2.17

注：价值观、创业态度与创业意向的得分均值的计算方法统一为：以其所属测量项目得分

之和除以测量项目数量。其中价值观变量得分越低则表示受访者具备该类价值观的特征越强；反之得分越高则表示其具备该类价值观的特征越弱，最高分为6分。创业态度得分越低则表示受访者的态度越积极，反之则代表越消极，最高分为5分；创业意向得分越低则表示受访者越希望创业，反之则反之，最高分为5分。

由表4.5中的测试结果得知，就样本所涉及范围内，目前高校大学生群体在善意、普遍主义等价值观类型方面得分最低，反映出高校在培养和践行社会主义核心价值观方面的效果是明显的[①]；同时，表中的数据还表明传统价值观类型的得分最高，基本反映了我国当代大学生不因循守旧的群体个性特征。尤其值得注意的是，本书所界定的“创造性毁灭”企业家精神的价值观基础——自我实现价值观和刺激价值观，它们的得分在十类价值观中却是偏高的（分别为2.54和2.63），进一步表明在当前的大学生群体中，与企业家精神相关的价值观基础还较为薄弱。这一结论是上一章所论及的我国高校创新创业教育现状的考察结果——教育“范式陷阱”的困境相互对应。对价值观变量均值的考察结果带来的初步启示是，高校若下一步将工作着力点放在引导大学生树立与企业家精神相关的价值观方面，则可能找到提升其创新创业教育效率的路径。当然，更确切的结论有待于进一步的论证。

此外，由表中数据还得知，创业态度与创业意向的得分均值均已经超过2分（其中创业态度得分为2.06，创业意向为2.17分，而两者的最高分均为5分）这一数值初步表明目前高校大学生群体的创业态度尚不明朗、创业意向还不明确，亟待改善和提升；数据也同时进一步证明了目前我国不少高校的创新创业教育处于低效率的事实。

④各类价值观与创业态度以及与创业意向之间的相关性回归以及有效性检验结果

① 众所周知，社会主义核心价值观的内容是：“富强、民主、文明、和谐、自由、平等、公正、法制、爱国、敬业、诚信、友善。”在PVQ—21中的“善意”与“普遍主义”价值观更多地传递出的信息为“友善”“文明”“平等”“和谐”与“公正”等，与社会主义核心价值观内容有重合之处。

如前文所述，各类价值观变量之间的相关性检验结果表明，在价值观之间存在着一定程度上的正相关关系。基于此，本章节在运用AMO软件针对价值观与创业态度以及创业意向进行测算时，只能采用针对每一类价值观进行逐次运行的方法，逐一得出以下的输出结果。详见表4.6。

表4.6　各类价值观与创业态度以及与创业意向之间的相关性回归结果

项目	普遍主义	自我实现	权力	安全	成就	刺激	遵从	传统	享乐主义	善意
创业态度	0.264	0.195	0.249	0.095	0.201	0.315	0.121	0.057	0.114	0.263
创业意向	0.009	0.493	0.261	-0.072	0.147	0.252	0.045	0.187	0.005	-0.005

注：表中数值代表标准化回归系数，自由度均为24。

由表4.6中的结果得知，十类价值观均对创业态度产生了正向影响。其中刺激价值观对创业态度产生的影响最大，也就意味着，大学生树立刺激价值观对大其创业态度的改善可能有帮助；自我实现价值观对创业态度所产生的影响在十类价值观中处于平均水平，但这还不是最终结论①。此外，在十类价值观中，安全价值观则对创业态度产生最低的影响力，初步表明大学生若具有过于安全与保守的价值观，他们的创业态度则会更加不积极。与价值观对创业态度的影响均为正值不一样的是，由回归系数所体现出的各类价值观对创业意向的影响方向有正有负。其中安全和善意两类价值观对创业意向的回归系数均为负值，意味着这两类价值观的盛行可能不利于提升大学生的创业意向，当然这还不是最终结论②。同时，在十类价值观中，自我实现价值观初步表现出对创业意向可能具有的最大影响力（回归系数达到0.493③），意味着自我实现价值观树立可能会对提升我国大学生群体的创业意向有裨益；权力和刺激价值观对创业意向的影响力在十类价值观总属于较大的（回归系数分别为0.261和0.252④）。

① 因为还没有对数据进行正态性检验以及对输出结果进行拟合度检验。
② 因为还没有对数据进行正态性检验以及对输出结果进行拟合度检验。
③ 不是最终结论，同①。
④ 不是最终结论，同②。

表4.6中的结果表明，“创造性毁灭”企业家精神的价值观基础——自我实现和刺激，它们与创业态度以及创业意向的相关性较其他类型的价值观更强，初步表明这两类价值观的树立可能对大学生的创业态度产生更积极的影响以及对他们创业意向的提升有所裨益。但是在此阶段尚不能给出确定的结论，因为AMOS的输出结果是否有效，还需要进行综合判定，例如要进行有无违犯的估计，观察变量要通过正态性检验，以及输出结果还要检验其拟合度等等。接下来，我们针对上述输出结果进行有效性检验。首先，从各项标准化回归系数的输出结果来看，没有超过或太接近1的违犯估计；然后，对输出报表的拟合度以及数据的多变量正态性进行综合考察，考察方法仍然借助AMOS软件进行，因为软件运行后所给出的输出结果同时会伴随着各项检验指标。因反映拟合度的相关指标较多，在此借鉴Wang等（2018）的研究成果，主要关注卡方（P值），相对拟合指数（CFI）以及近似误差均方根RMSEA）等的检验结果。

现将与表4.6输出结果相对应的、反映拟合度的重要指标以及多变量正态性的检验结果在表4.7中一并列出。为了便于比较和分析，在此将考察多项指标所需的相应判定准则也同时在表中列出。

在表4.7中，最左边的一列为指标准则，意即列出的是对应指标以及可供参考的准则。其中“χ2 P值”代表卡方指标以及衡量该指标是否理想的准则为其相对应的P值大小；“P > 0.05”则表示在P值大于0.05时，可视为该项指标通过检验；反之，当P值小于0.05时，则视为没有通过检验。为便于进行优劣比较，在此进一步以0.1为界，当P值大于0.1时可视该项指标表现良好；当P值小于0.1且大于时0.05时仅视为通过．“CFI > 0.95”表示当CFI指标数值大于0.95时则视为较好地通过了检验，而且当该数值接近或等于1时为最佳。“RMSEA < 0.1”表示当RMSEA指标小于0.1时则视为指标通过了检验，而且当该数据接近或等于0时为最理想。表中的“C. R.”表示临界比率值，是反映多变量正态性检验结果的指标；该数值若大于2则表示接受检验的某些单变量可能存在异常值，即可视为数据没有通过正态性

检验；该数值一般以小于1.96为最佳。在表的第一行所列出的各类价值观名称，对应着每一类价值观分别与创业态度以及与创业意向的相关性回归结果。

表4.7 拟合度①以及正态性检验指标、判定标准及其结果

指标准则	普遍主义	自我实现	权力	安全	成就	刺激	遵从	传统	享乐主义	善意
χ^2 P值 P>0.05	0.285 良好	0.552 良好	0.158 良好	0.004 不通过	0.214 良好	0.735 良好	0.411 良好	0.203 良好	0.359 良好	0.062 通过
CFI >0.95	0.997 好	1.000 良好	0.994 好	0.980 好	0.996 好	1.000 良好	0.999 良好	0.995 好	0.998 好	0.990 好
RMSEA <0.1	0.018 好	0.000 良好	0.027 好	0.048 好	0.023 好	0.000 良好	0.010 好	0.024 好	0.014 好	0.034 好
C. R. < 2	4.905 不通过	2.488 不通过	3.014 不通过	2.749 不通过	4.895 不通过	3.143 不通过	4.595 不通过	3.784 不通过	5.075 不通过	3.715 不通过

注：表中的准则标准参考荣泰生的著作《AMOS与研究方法》（第2版）中的做法。

由表4.7中的结果得知，就拟合度而言，根据CFI与RMSEA两项指标，十类价值观与创业态度以及与创业意向的相关性回归结果的拟合度均为良好或者好（其中自我实现和刺激两个类型的价值观对应结果的拟合度均为良好）；但是根据卡方指标，安全价值观所对应结果没有通过拟合度检验；善意价值观所对应结果勉强通过拟合度检验。综合考虑拟合度检验所涉及的CFI、RMSEA与卡方三个指标，没有通过检验的为安全价值观，而指标数值表现良好的是自我实现和刺激两个类型的价值观。然而遗憾的是，在多变量正态性检验中，C. R. 数值表明所有类型的价值观均未通过多变量的正态性检验。即便如此，在各类价值观中，C. R. 数值较接近2的是自我实现价值观、安全价值观与刺激价值观；由于安全价值观在拟合度检验中就没有通过，随后不再考虑这一价值观。因此，“创造性毁灭”企业家精神的价值观基础——自我实现价值观与刺激价值观，它们的相关数据便是下一步调整和考察

① 反映拟合度的指标非常多，篇幅原因仅列出几个重要指标，其他指标也是吻合的。如有必要，读者可以向本文作者索要其他结果。

的重点。

必须指出的是，在社会科学中由实地调研获取的原始数据，未能通过变量的正态性检验是常见的现象；我们并不能由此断定前期所得出结果就完全没有指导意义，但是在该种情况下相关结论的说服力被削弱是不言而喻的。即便如此，通过对上述结果的逻辑分析可初步得出一些结论：自我实现价值观和刺激价值观对创业态度和创业意向可能具有积极的影响力，而且这一影响力较其他类型价值观更为强大。上述结论为下一步进行数据处理和研究假设检验奠定了基础。

⑤自我实现价值观和刺激价值观与创业态度以及与创业意向之间的相关性回归结果修正及其有效性检验

为了使数据能够通过多变量正态性检验，本书采用了对原始数据取算术平方根的常规方法。经过如此处理之后，数据再次进入 AMOS 软件的运行程序。随后的输出结果表明，自我实现、安全和刺激三类价值观的数据基本通过了多变量正态性检验。鉴于安全价值观没有通过拟合度检验不再考虑，因此仅讨论自我实现与刺激两类价值观分别与创业态度以及与创业意向之间的相关性问题。按照前述内容，这两类价值观恰好作为“创造性毁灭”企业家精神的价值观基础。在此将自我实现价值观和刺激价值观分别与创业态度以及与创业意向之间相关性的回归结果列出，请见下表 4.8。

表 4.8 “创造性毁灭”企业家精神的价值观基础分别与创业态度、创业意向之间相关性回归系数

项目	自我实现	刺激
创业态度	0.233	0.304
创业意向	0.461	0.226

注：表中数值为标准化回归系数；自由度均为 24。

从表 4.8 中的数据可以看出，在相关数据校正之后，自我实现价值观对创业态度的影响力进一步增大（由 0.195 变为 0.233），但是它对创业意向的影响力略微下降（由 0.493 变为 0.461）；与此同时，刺激价值观对创业态度的影响力变小（由 0.315 变为 0.304），同时它对创业意向的影响力则由

0.252 缩小为 0.226。

为了更好地考察和评估表 4.8 中所对应输出结果的有效性与说服力，特列出与表 4.8 中输出结果相对应的、反映拟合度的重要指标以及多变量正态性检验结果。请见表 4.9。

表 4.9　自我实现与刺激两类价值观的数据正态性检验结果以及相关模型的拟合度检验结果

指标准则	自我实现	刺激
χ^2（P 值） P > 0.05	0.551 良好	0.708 良好
CFI > 0.95	1.000 良好	1.000 良好
RMSEA < 0.1	0.000 良好	0.000 良好
C. R. < 2	1.938 通过	1.996 基本通过

从表 4.9 中的结果可知，自我实现价值观与刺激价值观在拟合度检验中，所涉及的卡方、CFI 以及 RMSEA 三个指标均表现良好。它们不仅都通过了卡方检验，而且在 CFI 与 RMSEA 指标下两类价值观的输出结果均达到了理想程度（分别为 1 和 0）。这充分证明相关模型的整个拟合度是令人满意的。此外，在多变量正态性检验中，自我实现价值观所对应的 C. R. 值达到 1.938，这一数值略小于 1.96，意味着它已经较好地通过了正态性检验；同时刺激价值观所对应的 C. R. 值为 1.996，这一数值略大于 1.96，但仍然小于 2，可以认为它基本上通过了正态性检验。因此，两类价值观变量由处理后的数据得到的相应输出结果不仅通过（基本通过）了多变量正态性检验，而且与创业态度及创业意向的相关模型具有较好的拟合度。

至此，我们终于可以得出确定的结论："创造性毁灭"企业家精神的价值观基础——自我实现价值观与刺激价值观能够对创业态度和创业意向发挥积极的影响力。

按照VAB理论，价值观对行为或意向的影响包括直接影响和间接影响两种；而且在价值观对行为或意向发挥间接作用时往往以态度作为中介。由表4.8中所展示的输出结果可见，两类价值观分别对创业态度和创业意向发挥作用。该表中的结果显示的是它们分别对创业态度和创业意向所发挥的直接作用，显然这并不是价值观对创业意向所发挥的全部作用，因为它们对创业意向所发挥的间接作用并没有包括在内。那么这种间接作用到底如何呢？我们知道，价值观对创业意向的间接效应往往是通过创业态度这一中介而产生的。其中的机理是：在这一过程中，价值观对创业态度产生直接影响；而创业态度对创业意向又产生直接影响；因此价值观借助创业态度对创业意向产生了间接影响。

为了更清晰地展示自我实现价值观与刺激价值观对创业意向所产生的直接效应、间接效应以及总的效应，在此特将由AMOS软件运行所得到的、两类价值观与创业态度以及创业意向之间分别形成的关系路径图展示出来。请见图4.2与图4.3。

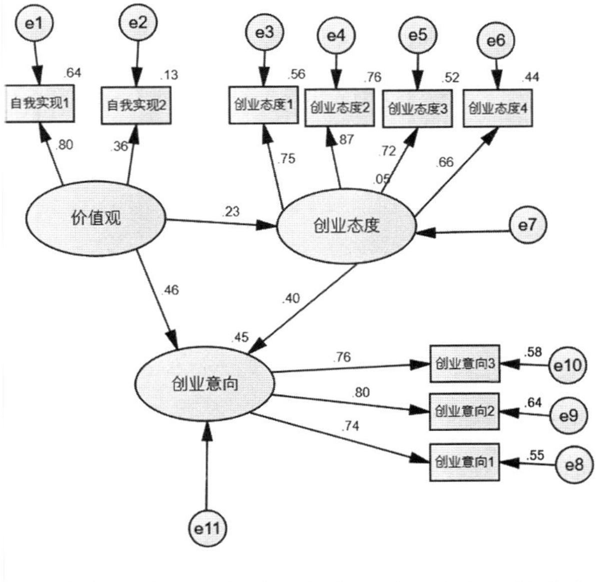

图4.2 自我实现价值观与创业态度、创业意向之间关系路径图

图4.2为自我实现价值观与创业态度、创业意向之间的关系路径图，而图4.3则为刺激价值观与创业态度、创业意向之间的关系路径图。

在图4.2中，自我实现价值观潜变量具有两个观测变量，它们分别是自我实现1与自我实现2①；潜变量创业态度具有四个观测变量——创业态度1，创业态度2，创业态度3以及创业态度4；潜变量创业意向则具有三个观测变量——创业意向1，创业意向2以及创业意向3。

由图4.2所展示的结果可知，自我实现价值观对创业意向所产生的直接效应为0.46；同时它对创业态度所产生的直接效应为0.23，而创业态度对创业意向所产生的直接效应为0.40；那么。自我实现价值观以创业态度为中介对创业意向所产生的间接效应应该为0.092（0.23×0.40）。综合考虑直接效应与间接效应两个方面，自我实现价值观对创业意向所产生的总效应合计为0.552（0.46+0.092）。这一数值是非常可观的，它表示以创新为内涵的自我实现价值观对大学生的创业意向产生了非常显著的积极影响的影响。

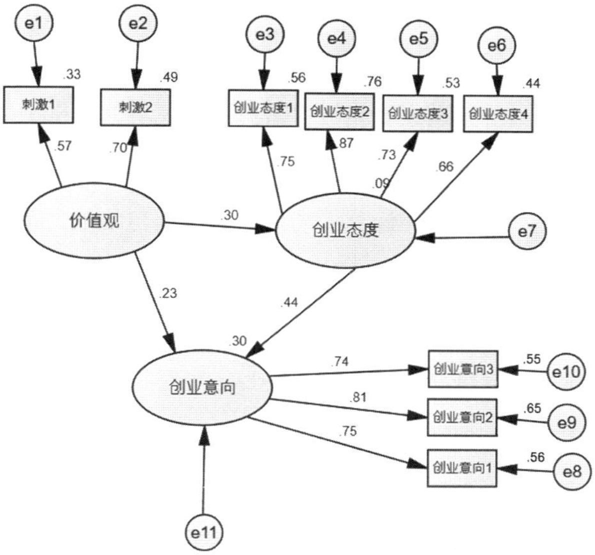

图4.3　刺激价值观与创业态度、创业意向之间关系路径图

① 请读者参考附录中表格PVQ—21的内容加以理解。

在图4.3中，刺激价值观潜变量具有两个观测变量，它们分别是刺激1与刺激2；与图4.2中的信息一样，潜变量创业态度具有四个观测变量——创业态度1，创业态度2，创业态度3以及创业态度4；潜变量创业意向则具有三个观测变量——创业意向1，创业意向2以及创业意向3。

由图4.3所展示的结果可知，刺激价值观对创业意向所产生的直接效应为0.23；它对创业态度所产生的直接效应为0.30，而创业态度对创业意向所产生的直接效应为0.44；那么刺激价值观以创业态度为中介对创业意向所产生的间接效应应该为0.132（0.30×0.44）。综合考虑直接效应与间接效应两个方面，刺激价值观对创业意向所产生的总效应合计为0.362（0.23+0.132）。这一数值虽然比自我实现价值观对创业意向的影响效应数据小，但也表明以冒险为内涵的刺激价值观对创业意向的影响也是非常明显的。

现在，我们再回顾在本章节前面所作的两个研究假设：高校大学生的创业意向随着“自我实现”和“刺激”价值观在学生心目中的重要性增加而增强；价值观对大学生创业意向的影响既有直接作用又有间接作用，其中间接影响以创业态度为介质，从而形成了价值观—创业态度—创业意向之间的层级关系，至此我们已经借助实地调研和结构方程模型的分析结果证明了这两个假设条件的成立。

为便于系统地理解整个实证分析的任务、过程与结果，在此总结一下在VAB理论视角下价值观—创业态度—创业意向（行为）之间层级关系的整个验证过程。首先界定了“创造性毁灭”企业家精神以“创新”与“冒险”为特征，进而确定高校创新创业教育的核心任务是构建企业家精神的价值观基础以及提升大学生的创新创业意向。在明确上述任务之后，开始分两步开展实证研究。第一步借助文献研究，界定“创造性毁灭”企业家精神的价值观基础：通过借鉴施瓦茨价值观理论体系及其量表体系来确定与“创新”与“冒险”寓意相通的两类价值观类型——自我实现价值观和刺激价值观，进而确定“创造性毁灭”企业家精神的价值观基础为自我实现价值观和刺激价值观。第二步通过研究假设、实地调研、数据分析以及结构方程模型分析，最终证实在大学生企业家精神的价值观基础，创业态度以及创业意向之间的确存在着层级（逐级因果）关系。该层级关系的存在表明，在我国大学生群体中构建“创造性毁灭”企业家精神的价值观基础应该是高校创新创业教育取得成效的重要抓手。

二、 关于“创造性毁灭”企业家精神培养路径的建议

在习近平新时代，高校的创新创业教育应以培养“创造性毁灭”的企业家精神为己任。在完成上述验证工作的基础上，在此讨论我国高校培养“创造性毁灭”企业家精神的路径问题。这一路径具体包括企业家精神价值观基础的塑造以及大学生创业意向的提升两方面内容。事实上，一旦上述研究假设被证实成立，高校针对大学生“创造性毁灭”企业家精神的培养思路就已经清晰可见。因此，基于价值观—创业态度—创业意向（VBI）之间所存在的层级（逐级因果）关系，在此建议高校依照“相关价值观基础塑造—创业态度改善—创业意向形成”的思路，来构建关于培养大学生企业家精神的三步式路径。

第一步，借助创新创业教育课程在大学生群体中重塑关于“创造性毁灭”企业家精神的价值观基础。如前文所述，“创造性毁灭”企业家精神的特征为创新与冒险，可以此为据首先开展价值观的界定工作。其间，可借鉴施瓦茨价值观量表中的“自我实现”价值观与“创新”价值观等所对应的项目细则；也可针对社会主义核心价值观体系进行创造性转化或创新性发展。但是，其中的一个疑问是：高校大学生多数已经成年，那么成年人的价值观能否通过接受教育进行重塑？Gronhoj 与 Thogersen（2009 年）的研究成果对此可以给出了肯定的答复：他们指出，人类个体的价值观形成的第二个来源（途径）便是后天独特的学习体验。换言之，通过接受教育能够重塑或纠正个体原先的价值观。高校在重塑大学生价值观方面的具体做法可以包括：把自我实现价值观与刺激价值观的相关教育内容渗透到高校创新创业教育课程

的教学目标以及教学大纲之中①。

第二步，借助企业家精神价值观的塑造以及校园创新创业文化环境的建设来改善大学生群体的创业态度。若高校基于第一步工作的完成，在大学生群体中形成了“创造性毁灭”企业家精神的价值观基础，则该价值观基础将有利于促进积极的创业态度的形成。在此基础上，高校进一步营造以创新创业为导向的校园文化环境，并构建企业家与参与创新创业活动的大学生之间的信息交流机制，多措并举以期综合改善大学生的创新创业态度。

第三步，借助企业家精神价值观塑造、大学生创业态度改善以及大学生创新创业激励机制的形成，来综合提升高校大学生群体的创业意向。依据上文的实证研究结果，基于价值观—创业态度—创业意向之间所存在的层级（逐级因果）关系，高校大学生创新创业意向的提升存在着自动机制，但是该自动机制的触发须建立在第一步与第二步工作完成的基础上。在上述自动机制中，大学生“创造性毁灭”企业家精神价值观通过直接与间接两条途径影响着他们的创业意向。具体而言，借助直接途径，且基于第一步工作的完成，将形成以价值观直接提升大学生创业意向的第一个自动机制；借助间接途径，且在第一步与第二步工作完成的基础上，将形成以积极的创业态度提升大学生创业意向的第二个自动机制。上述两个自动机制均以价值观（VALUE）—态度（ATTITUDE）—意向（INTENTION）之间层级关系为基础形成的。本书在此将这一机制进一步总结为我国高校关于企业家精神培育的 VAI 自动机制。

此外，在本书的第三章我们曾经以“创造性毁灭”的思路，完全打破创新创业教育“范式陷阱”的禁锢，详尽地探讨了如何以契约化理论视角来研究创新创业教育的效率与效果问题，并建议以大学生创新创业激励机制的构建作为我国高校创新创业教育“范式陷阱”突破路径。本书认为，基于契约理论的创新激励机制，与上述关于企业家精神培育的 VAI 自动机制实际上是

① 在本书的下一个章节将具体探讨这一问题。

相关联系、相互补充的。一方面，在VAI自动机制中大学生关于企业家精神的价值观基础构建，能够有效促进激励机制中“激励因素”的形成，该因素进而会增强大学生参与创新创业的总效用并强化激励的效果，从而更好地润滑高校的创新创业激励机制的整体运转；另一方面，创新创业激励机制的形成有利于大学生创业态度的改善与创业意向的提升，进而会增强VAI自动机制运转的效率。

因此大学生创新创业激励机制的构建以及关于企业家精神培育的VAI自动机制的形成，共同创立了新时代我国高校培养“创造性毁灭”企业家精神的路径。这一路径既可以视为我国高校突破创新创业教育“范式陷阱”的路径，也可以作为高校针对如何培养具有创新与冒险精神的企业家阶层给出的答卷。当然针对我国企业家阶层的培育问题，高校仅仅为整个社会生态系统中的一个重要的、不可或缺的环节。图4.4演示了新时代背景下我国关于企业家精神培育的总路径。

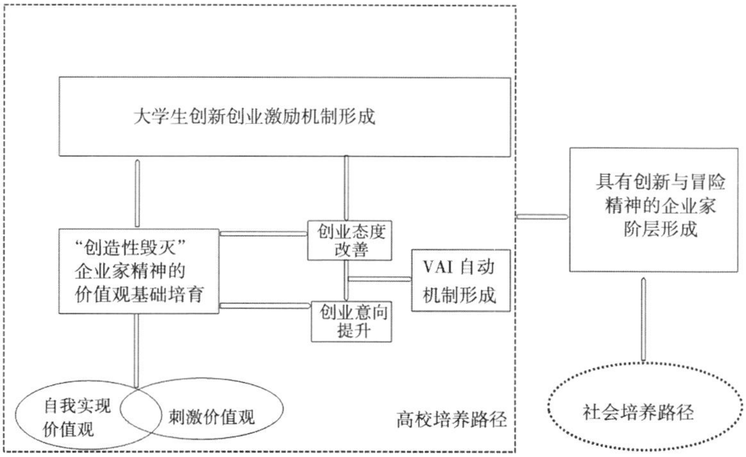

图4.4　新时代背景下我国关于“创造性毁灭”企业家精神的培养路径

在图4.4中，图中的虚线大方框内的内容演示了高校的培养路径。其中高校路径基本由大学生创新创业激励机制[①]以及VAI自动机制两大类机制的构建为主要内容，其中大学生创新创业激励机制的形成以契约化理论为基础；VAI自动机制的形成遵循了则“价值观基础塑造—创业态度改善—创业意向形成”的三步式培养路径。但是，如上文所述，在新时代要完成培养具有创新与冒险精神的企业家阶层任务，仅仅依靠高校一己之力是不够的，需要借助高校与社会的合力；而且一旦高校先期高质量地完成了大学生关于“创造性毁灭”企业家精神的培养任务，社会的接力培育便更加顺理成章。由图4.4可知，在虚线大方框之外，社会路径是我国培养具有创新与冒险精神的企业家阶层的总路径的有效组成部分，是高校之外的不可或缺的渠道。因此，本书认为，在新生代，唯有在高校和社会之间形成良性的、相互反馈的生态系统才能完成培育具有创新与冒险精神的企业家阶层的大任。

总之，在新时代，我国面临现代化经济体系建设任务，迫切需要一大批具有创新精神与“创造性毁灭”气魄的企业家，以在完成国家复兴大业的道路上大展宏图。在这一伟大的历史进程中，我国高校负有培养“创造性毁灭”企业家精神的担当与责任。本书本章节的内容立足于我国新时代的历史背景以及高校创新创业教育的有效性问题，将与“创造性毁灭”企业家精神相关的价值观教育视为重中之重的工作，并通过验证价值观—创业态度—创业意向之间的层级关系来检验培养路径的有效性。在此必须指出的是，参照成熟的VAB理论，创业行为与价值观和态度之间的链接关系似乎更加顺理成章；但是，本文选择在因果关系检验中以创业意向指标取代创业行为指标，并且以VBI理论代替VAB理论进行研究的理由，主要包括以下几个方面：第一，就本章节的内容整体而言，侧重于对意识形态领域的考察，而创业意向

---

① 关于大学生创新创业激励机制的具体内容在本书的第三部分已经做了详细的论述，在此不再展开论述。

比创业行为更符合重点考察的范畴；第二，关于创业行为的前期调研数据①表明受访大学生的校园创业率极低，相关数据根本不能满足回归分的要求，只能作为实证分析的参考；第三，将高等教育仅视为我国企业家精神培养的某个阶段和渠道之一，而绝不是最终阶段和唯一渠道。若高校以成功的创新创业教育培养大批具有较高创新创业意向的毕业生，在他们步入社会之后，其创业行为与创业能力进而会得到高校之外的社会环境的接力培养。但是，即便如此，鉴于目前我国高校大学生的创业参与率以及创业成功率均处于低位②③，对当代大学生创新创业行为的研究同样具有急迫性和必要性。

① 在此需要说明的是，课题组成员先后至少两次进行规模性的相关调研活动。其中在2016年开展第一次实地调研活动时，共发放了500份调查问卷，主要任务目标是针对价值观—创业态度—创业行为之间是否存在层级关系进行考察。当时收集到400多份数据，但结果在进行数据分析时发现，所收集到“创业行为”的数据反映出极低的校园创业率，以至于数据不能够满足正态分布的要求，甚至无法将之代入进行回归分析；因此，第一次调研（2016年）所收集到数据队本书观点的形成仅仅起参考作用。在2017年，课题组调整了调查问卷的部分内容，特别针对创业意向设计了调查量表，开展了第二次的实地调研活动。通过第二次调研活动得到的数据即为本书中所运用的数据。

② 在SVS（SCHWARTZ VALUE SURVEY）中，这两类价值观具有内在的一致性（congruence）。

③ 根据常年关注教育产业的麦可思研究院发布的《中国大学生就业报告》，2010年本科生中仅有0.9%选择了创业；到了2014年，这个数字为2.9%。而根据智联招聘发布的《2015年应届毕业生就业力调研报告》，参与调查的2015届毕业生中选择自主创业的比例高达6.3%。根据《中国大学生就业报告》数据显示，毕业半年后自主创业的应届本科毕业生，3年后有超过半数的人退出创业，甚至有数据指出，即使在浙江等创业环境较好的省份，大学生创业成功率也只有5%左右。

第五章 “创造性毁灭”基因与我国传统文化在培养大学生企业家精神中的应用

本书的第一章回顾了“创造性毁灭”的历史渊源及其发展演化，其间多采纳了国外文献的视域。本章节内容将关注我国传统文化中关于“创造性毁灭”的基因及其在高校创新创业教育中的应用。如果说第四章内容为我国高校提供了培养“创造性毁灭”企业家精神的可能路径的话，那么本章节的内容则更多地针对企业家精神培养的具体方法问题。

一、我国传统文化中的“创造性毁灭”基因

国内一般认为，我国的传统文化基本以儒家的“中庸之道”为行为取向，尤其强调“义大于利”以及“天人合一”，对与创新相关的商贾之道少有涉及，其实不然。我国的历史源远流长，而传统文化层次丰富且多元。我国传统意义上的儒商，系行商与为儒的统一体。他们在信奉天道与人道之外，还严格遵循着商道。在我国博大精深的儒商文化中，除包含“仁、义、礼、智、信”等内在价值取向之外，还含有“创造性毁灭”的基因。近代郭沫若在《凤凰涅槃》① 一诗中写到“死了的光明更生了……死了的宇宙更生了……死了的凤凰更生了”，在诗中作者辩证地看待生死，并将有价值的死亡视为获得重生的必要条件。《凤凰涅槃》这首诗歌的源头一方面来自于西方

① 郭沫若. 凤凰涅槃［N］. 时事新报·学灯. 1920—1.

“不死鸟”传说，另一方面来自于我国古代的文学古籍①。郭沫若在该诗中所蕴含的思想实为“创造性毁灭”的思想，它由作者部分地汲取了我国古代文化的精华而形成。可见，在我国的传统文化中的确包含着“创造性毁灭”的基因。

首先，“创造性毁灭”的思想与我国传统文化中朴素的辩证法观点相得益彰。以老子为代表的我国古老辩证法思想蕴含着“创造性毁灭”的文化元素。例如，老子在道德经里写到“天下皆知美之为美，斯恶已。皆知善之为善，斯不善已。故有无相生，难易相成，长短相形，高下相倾，音声相和，前后相随。”，同时还写到“将欲歙之，必固张之；将欲弱之，必固强之；将欲废之，必固兴之；将欲取之，必固与之。是谓微明，柔弱胜刚强。鱼不可脱于渊，国之利器不可以示人。”从中可以得知，老子将世间万物的对立统一、瞬息变幻分析得淋漓尽致、入木三分；他所持有的上述观点实乃发展的观点，包含“创造性毁灭”的丰富意蕴。因为“创造性的毁灭”这一概念本身就描述了一种矛盾发展转化的过程与结果。

其次，我国传统文化中所包含的“创造性毁灭”思想还充分体现在古代人对待创新的态度上。我国沙马王堆汉墓出土帛书中有“不臧（藏）故，不挟陈。乡（向）者已去，至者乃新，新故不翏（摎、纠），我有所周”② 的纪录，意即以开放与容纳的态度对待新旧事物的转换；当旧事物已经消亡、新事物已经到来时，应该毫不犹豫地做到舍旧求新，全心迎接新的变化。此外，中华典故中的“鼎新革故”，源于《易·杂卦》中的文句“革，去故也；鼎，取新也”，它泛指事物的破旧立新，其实与“创造性毁灭”的意蕴大同小异。

上述传统文化中的“创造性毁灭”基因同样根治于我国的儒商文化之中。我国历史上的儒商文化以徽商与晋商的文化为典型代表。徽商商人自古

---

① 郭沫若的《凤凰涅槃》序中提到：“天方国古有神鸟名‘菲尼克司’（Phoenix），满五百岁后，集香木自焚，复从死灰中更生，鲜美异常，不再死。按此鸟殆即中国所谓凤凰；雄为凤，雌为凰。《孔演图》云：‘凤凰火精，生丹穴。’《广雅》云：‘凤凰……雄鸣曰即即，雌鸣曰足足。’”足以见诗歌灵感源自于西方国家和我国的古老传说。

② 详见陈鼓应的《黄帝四经今注今译——沙马王堆汉墓出土帛书》。

“贾而好儒”，他们经常教育其子女要做到“经儒治商”；而在晋商文化中很早就有“学而优则商”的说法。无论是古代的徽商还是晋商，包括“创造性毁灭”思想在内的我国优秀传统文化对他们的影响已经流淌于血脉之中、根植于“商道”之中。事实上，较高的文化素养、百折不弯的开拓精神以及孜孜不倦的实践作风一并塑造了我国儒商的创新与进取特性，而这两大特性构成我国传统儒商文化与“创造性毁灭”企业家精神的共通之处。

二、我国传统儒商文化与新时代“创造性毁灭”企业家精神的链接：新儒商文化

我国传统意义上的“儒商”是指具有“儒”的伦理观与价值观的商人。如前文所述，我国的传统儒商文化与“创造性毁灭”企业家精神之间具有可贵的共通之处。一方面是因为儒商文化本身深受我国优秀传统文化的浸润，享有传统文化中“创造性毁灭”基因；另一方面，在我国的儒商文化中具备创新与进取的特性。但是显而易见的是，我国传统意义上的儒商与新时代背景下具有“创造性毁灭”精神的企业家是存在不小差异的。即便如此，上述共通之处已经为我国传统儒商文化与新时代“创造性毁灭”企业家精神的链接奠定了基础。

在新时代，将我国传统优秀文化与“创造性毁灭”的企业家精神链接起来，以形成一种符合时代特征的文化——新儒商文化。何谓“新儒商”？他们是在全球化背景下既秉承了传统文化基因，又具有现代化创新与管理理念的商人。国内关于儒商的研究始于1994年首届儒商招商会，较早的关于“新儒商”或现代儒商的规范提法有丁洪（1996）所提出“儒商的现代涵义”①。随后有多名研究儒商精神的现代价值，如张炎荪等（1998）、徐守榜（1999）等；苗泽华（2010）提出基于新儒商伦理观从文化、组织结构模式、规章、绩效考核、控制与保障体系等构建企业管理模式。针对高校“新儒商”培养

---

① 丁洪．儒商新议［J］．财贸研究，1996（3）：59—60.

的理论，程斯辉等（1999）从儒家培养创造性人才思想的角度提出观点；邱宁（2006）指出"新儒商文化可以做校园文化的补充"①；李春茹（2010）认为新儒商精神对高校思想道德教育和校园文化建设发挥作用；李科、张杰（2014）提出财经类高校要把"新儒商精神教育和课堂教学"② 相结合。

本书所涉及的新儒商以及新儒商文化与多数文献所作的宽泛研究存在不同之处：强调"创造性毁灭"的企业家精神在新儒商文化中的核心地位；强调创新与冒险精神的培养是新儒商精神培养的重点内容。

三、新儒商文化视角下高校培养大学生"创造性毁灭"企业家精神的具体方法

从新儒商文化的视角研究我国高校如何培养大学生的企业家精神，是将我国传统文化中"创造性毁灭"基因有效地应用到高校的创新创业教育中去。如此可以借助优秀传统文化的感召力和吸引力来加强教育的效率和效果。

本书认为，我国新儒商文化的特征具体表现为：以义取利、创新与冒险、现代契约与以利济世。其中新儒商精神特征的内核为创新。

在界定上述文化特征的基础上，在此从以下三个方面探讨高校培育大学生企业家精神的具体方法：

首先，以优秀的传统文化思想内容充实高校大学生的价值观培育体系。中国优秀传统文化积淀着中国人最深层的精神追求，是维系凝聚力的纽带，是引起所有中国人情感共鸣、振奋精神的力量源泉。此外，文化的功效不容忽视，它"有着柔性的亲和力，更有着刚性的渗透力"③。正基于此，我们可以在大学生价值观体系的课程设置中纳入能够激发创业动机、塑造创业精神

① 邱宁．基于财经类院校教育的视角看新儒商［J］．南京财经大学学报，2006（7）：97—100．

② 李科，张杰．新儒商精神教育在课堂教学中的探索与实践［J］．山东工商学院学报，2014（12）：114—118．

③ 郑士鹏．一带一路建设中文化交流机制的构建［J］．学术交流，2015（12）．

的传统儒商文化思想。具体的做法是：在坚持核心价值观教育的同时，借鉴和吸收优秀传统文化中的精髓，使之与大学德育的价值目标进行对接，不断培养大学生创新意识、创业动机以及正确的商业伦理观。这些优秀的传统文化思想既包括《周易》中“革，去故也，鼎，取新也”所隐含的创新精神，也包括《孟子》中“富贵不淫、威武不屈”诠释的高尚气节；既包括“天下兴亡、匹夫有责”的爱国传统又包括“以和为贵、和而不同”的相处之道；既包括《论语》中“见利思义，见危授命，久要不忘平生之言，亦可以为成人矣”的义利观点，又包括《中庸》中“诚者天之道也，诚之者人之道也”的诚信准则。

其次，以古今文化中的商贾典范案例完善创新创业教育的内容体系构建。正如董仲舒在《春秋繁露》中所说的“仁人者正其道不谋其利，修其理不急其功”，课程内容体系的构建不能急功近利，起码要以素质教育为主线，在体系中还要包括通识课程、专业课程和实践课程。创新创业教育课程的性质决定了无论在内容设计还是在教学过程中都要广泛采用案例分析法①。其中案例要求取材广泛，最好能够做到涉古论今。例如中国古代历史里有富甲陶朱——范蠡（前536—前448年）、儒商鼻祖——端木子贡（前520—?）、智慧商祖——白圭（前463年—前385年）、营国巨商——吕不韦（约前292年—约前235年）；当代儒商包括以儒治商的孔众、深谙儒商之道的杜维明、以半部《论语》治企业的孙大午、思考人生的冯仑以及台湾互联网教父詹宏志等等，他们的创新创业案例均可以成为教学案例库的一部分。

再次，借助传统文化元素营造与“新儒商”培养相契合的校园文化氛围。高校要营造创新创业文化氛围，必须在积极地促进以创新创业体验为主题的校园文化活动平台建设的同时，促进校园文化环境平台的建设。校园文化环境对大学生道德的熏陶、情操的陶冶以及价值观的形成均起着潜移默化的作用。高校可以在校园整体规划和布局中融入优秀传统文化元素，借以提

① 下文将详细的论述教学方法。

升校园的格调和文化品位，以无声地增加教育的说服力和生动性，让大学生们在古韵书香中产生感悟、受到启发；高校还在校园环境中把蕴涵创新创业教育内容的人文景观和自然景观恰当地融为一体，以更好地发挥教育的引导与鼓励作用。例如，在校园内放置各国公认的、有代表性的儒商的雕塑；或将蕴涵“创造性毁灭”企业家精神的箴言刻在景观石上；或在宣传栏内利用书法、绘画、摄影等多种形式呈现古今企业家们的奋斗事迹或名言名句等等。

最后，基于新儒商文化的自信培养大学生的创新创业能力。若想让新儒商文化成为高校校园中的主流文化之一，相关的文化自觉与文化自信必须建立起来。大学生群体须在校期间逐步建立并完善其创新创业能力体系，因为唯有具备创新创业能力，才能够树立起新儒商文化的自信。大学生们基本的创新创业能力主要从智商（扎实的专业知识、较强的实际操作能力）、情商（团队合作能力、沟通技巧、政治技能、应变、创新能力等）、财商（投资能力、理财能力等）三个方面进行架构。第一，是与智商相关的创新创业能力的培养。要了解有关创新创业学科的基础知识，例如学习创业的意义及内涵、创业课程总体介绍、个人创业的素质要素和能力要素构成以及创业与就业的关系；由专业知识的构建形成创业能力，包括战略能力，要求学生学会审时度势地制定中长期战略规划的方法，以确定企业的准确定位；另外，还包括营销能力，学会并灵活应用营销知识；还包括商务磋商中的谈判能力，要求学生在了解商务谈判流程的前提下，掌握国际与国内商务谈判的各种技巧和方法；掌握开办企业的相关实务知识以及基本操作步骤。包括要了解企业申办要点和企业开业步骤，例如工商登记、税务登记、用工手续、供水、供电申请、资金注册、银行贷款等流程。通过创新创业教育课程掌握这些知识，一方面培养了大学生针对开办企业的实务操作能力，另一方面还会大大增强大学生创新创业的自信心和决心。第二，是与情商相关的创新创业能力的培养。在这个方面，首先要让学生深刻地认识到情商对创业成功的巨大的作用；要求学生理解并掌握情绪的运作所具有的规律性，当务之急是要管理好自己的情绪；高校通过情商培训的专题课程为形成大学生的团队合作能力以及管理岗位中所需的领导力和影响力；最后按照情势变迁的需要训练大学生们的应变力、创新力以及与时俱进精神。在与情商相关的创新创业能力培养这一环节，尤其要让学生认识到针对负面情绪所引发的不理智行为以及在应急突发事件中如何进行自我情绪控制，同时让他们学会基本的心理辅导技术，掌握与人沟通技巧，进而形成随着情境变换能够适时调整战略、战术并不断创新的能力。课题组通过调研活动得知，就后天的培养效果而言，情商要比智商更加有效，但情商的提高更需要一个循序渐进的过程。因而相关课程的设计要严格地遵循大学生的学习规律。例如，首先让学生了解情商对创新创业成功的意义，促使其在思想上产生学习的动机，然后学生会从己身出发接受情绪管理训练，再以己推及人，在这一过程中不断地增加自身的影响力和领导力；最后针对应变力和创新力问题，充分利用案例教学法，对学生展开专题培训。必须要强调的是，鉴于情商在创新创业成功中的重要性，除了进行专项的情商训练之外，在创新创业教育的所有课程设计中，都尽量地涉及情商训练的内容。例如在与智商相关的能力之商务谈判能力的培训课程中，会采用体验式教学模式，借助于音乐等形式管理学生的情绪以期达到理想的教学效果，请参见附录部分①。第三，与财商相关的创新创业能力的培养。根据招商银行发布的《2011 年中国大学生财商调查报告》，超过 90% 的大学生受访者已认识到理财的重要性，但理财的整体表现不佳，财商亟待提高。此外，该报告还描摹了四类典型——“财商失衡态”族群，即“温室族”“财盲族”“懒惰族”和“月光族”。应结合上述所存在的问题以及培养与财商相关的创新创业能力目标，设计培训内容，基本包括理财意识培训、与创新创业相关的理财知识的普及、投资方法以及投资组合知识的培训、投资技能的训练等等。让大学生从认识如何提高财商开始，学习如何在投资中控制风险、做到信用最大化、灵活运用融资杠杆以及优化投资组合等。

---

① 针对“音乐与啤酒”的体验式教学方式，本书在附录部分提供了一个范例。

四、基于“新儒商”培养的大学生创新创业教育的多元化教学策略

高校的创新创业教育任务最终要落实到教学策略方面。如前文所述，新儒商精神既符合我国新时代的特征，又与“创造性毁灭”企业家精神相契合，还与我国的传统儒商文化息息相关。高校在其教学环节以“新儒商”培养为导向，不仅能够有效地防止偏离创新创业教育的整体目标，且能达到“一石三鸟”的功效。基于“新儒商”培养的大学生创新创业教育的教学策略不能是单一的，更不能等同于普通的专业教学，它必须依照“新儒商”的培养规律来贯彻实施。

本书在此主要从以下四个方面来针对教学策略提出建议：

第一，借鉴我国传统文化中教育思想来提高大学生创新创业教育的有效性。中国传统文化中教育思想，在古今中外均有其深远的影响；其中的教育智慧体现在多个层面，对教师的教法和学生的学法均能产生启迪作用。首先是教学法。例如“有教无类”，强调的是教育公平，在实施教育过程中对所有学生做到一视同仁；“因材施教”，要求教学方法应灵活多样，因人而异，以增强教学效果；再例如论语中谈到“不愤不启，不悱不发，举一隅不以三隅反，则不复也。”意思是在学生进入积极的思考过程中的时候，老师才适时地引导帮助学生；而举一反三，强调的是“思其类”；关于“闻一知士”（“士”相当于“十”），则对培养学生能够由一般性的、普遍性的知识推断或思考出个别的、特殊的结论提出了要求。从中可以看出我国古代教育思想提倡启发性教学，重视思维训练，培养学生推理、演绎与归纳的思维能力。其次是学习法。例如“三人行，必有吾师焉”要求学生虚心向别人请教，不断完善自己；“温故而知新”则说明要经常复习以前学过的知识，才能学好新知识；“不耻下问”则提倡人人好学虚心求教；“知之为知之，不知不为不知”表明了实事求是做学问的态度。此外，在培养理想、信念和奉献精神方面，中国古代圣贤们也对学生提出严格要求，例如孔子要求学生“志于道”“志于仁”，意即为理想和事业可以奋不顾身；孟子则主张“持志”“养气”，

即要求学生树立高远志向，从而精神饱满、保持昂扬斗志。这些观点能够鼓励学生树立远大理想和目标，坚定克服困难、勇往直前的信心。

第二，提倡以“音乐与啤酒”体验式教学法启发大学生的创新创业兴趣。动机的最初触发是来源于兴趣。若高校的教学方法足以让大学生对创新创业产生浓厚的兴趣，则更容易达到其教学目标。所谓体验式教学法，强调教学活动的过程就是给予学生愉悦体验的过程。在此建议高校在其创新创业教育课程中多采用“音乐与啤酒”体验式教学法。之所以用“音乐与啤酒”冠名创新创业教育中的体验式教学法，是基于两方面的考虑：其一，“音乐与啤酒”皆为大学生熟悉和心爱之物，以此冠名，就是要求教师在实施体验式教学时务必切近大学生群体的兴趣点；其二，“音乐”与“啤酒”的结合是强调通识教育与个性化教育的组合。其中，“音乐”代表通识教育，主要是因为音乐具有广泛的受众，从而可以延伸为具有“普适性”；而“啤酒”则代表个性化教育，原因在于“啤酒”具有特定的偏好群体。为达到上述要求，需从教学素材与教学手段两个方面完善体验式教学模式。首先，在教学素材方面，研究并界定能够引起学生愉悦体验的东西，例如乐曲、绘画、歌曲、影视作品以及各种带有艺术造型的道具，先要把它们吸纳过来作为素材，再审慎地选择素材以进入理论教学设计过程中。在这个过程中，为保证教学目标的完成，教学设计要确保愉悦体验元素既不会喧宾夺主，还能对学生发挥显著的启迪作用。其次，在教学手段方面，除充分利用多媒体教学手段进行体验式教学之外，还要广泛利用新媒体手段开拓第二课堂。将微信、QQ等即时交流工具变成随时答疑解惑的有效手段；充分利用微博、微课等多种具有交流功能的线上平台，使创新创业教育的责任老师与学生们建立起具有个性化的网络世界，使用者与阅览者可以借助 BLOG 的分类功能，选择自己感兴趣的内容。因为与传统媒体传递的带有倾向性的主流思想不同，线上社交平台涉及内容与范围更加平民化，而且“拥有多媒体、娱乐性、知识性、自主性、共享性、互动性等特征和强大的客户数据反馈能力”。自 2012 年始国内外方兴未艾的“慕课”模式，可以成为“音乐与啤酒”体验式教学的一个有效的补充。本书在附录部分随附了关于“音乐与啤酒”体验式教学法的一个教学设计示例。

第三，建议在创新创业教育课程的授课中多采用“角色扮演”等案例教学法。案例教学法是创新创业教育中常用的教学方法，但“角色扮演”的案例教学法是在常规教学方法的基础上进行进一步的创新，使之既与创新创业精神以及创业能力的培养方向相契合，又跟“音乐与啤酒”体验式的教学方法相得益彰。在该种教学方式下，大学生在案例教学的大部分时间里处于主动地位，而授课老师往往身兼数职，既是观众，又是导师，也常常客串其中的某个角色。为达到理想的教学效果，设立创新创业教育案例资料库是“角色扮演”案例教学法实施的前提。案例资料可以包括三方面的内容：一是古代儒商资料，例如中国第一位儒商子贡商道之秘等等；二是当代儒商资料；三是大学生创新创业的先行者和成功者案例资料，如“90后”青岛理工大学学生聂名勇，从地摊王子到拓梦青年林俊嘉，创业三年成为千万富翁的“80后”硕士赵新等等。众所周知，合适的“剧本”是“角色扮演”案例教学法成功的必要条件。一堂好的案例教学需要做好充分的准备工作。首先，授课老师要从案例库里选择与教学任务想契合的案例资料；其次，要对案例资料进行“有节制”的创造加工，以增加其画面感与生动性。之所以强调是“有节制”的加工，是因为即便施案例仍然要强调其客观真实性，所有的加工均是为了提升角色的鲜明性。与此同时，大学生的广泛参与是“角色扮演”案例教学法实施的关键环节。如何做到这一点呢？首先要通过考核管理制度体现对主动参与学生的激励作用。在具体实施过程中，可将学生们被分成多个“项目团队”小组，以团队的形式参与进来。每次会抽中某个小组组织“演出”活动，其他的没有被抽中小组成员们相应成为大众评审。由学生参与的整个过程分为三个阶段，即：课前准备阶段、课堂“演出”阶段和课堂讨论阶段。最后，教师的总结是“角色扮演”案例教学法实施的“画睛之笔”。老师会在课程结束之前针对整个案例教学过程、各组同学们的表现（与课程成绩挂钩）以及本次授课涉及的所有知识点做出翔实的总结。

第四，应在创新创业教育课程的授课中采用多种实践教学方法的组合。实践性教学在创业教育中占据重要地位，多种实践教学方法形成组合体系以确保创业教育的效率和效果。具体包括企业观摩见习、举办与企业经理人双向交流会、创业软件模拟与创业计划模拟活动参加各种层次创业创新大赛等。首先，实现企业观摩见习制度化。多层次的校企合作渠道，将为创业教育教学观摩、参观活动逐步走向常态化奠定了基础。创业教育的责任老师可以定期不定期地组织学生参观校企合作企业，多了解企业经营的现状和目前市场中的各种变化，在这期间为保证教学质量，要与企业事先沟通，届时由安排专人进行全程参观讲解，并答疑解惑。其次，实现与企业经理人双向交流常规化。邀请事业有成的企业经理人或者小有成就的大学生创业先行者前往学校做专题讲座，既为学生指点迷津又能做到现身说法，从而达到显著的效果。再次，将创业软件模拟课与创业计划模拟活动纳入课程体系中。组织学生利用工商管理等相关软件模拟创业的全过程。学生的创业计划模拟包括撰写创业计划书、分组评议各自的创业项目、资金筹措、经营风险分析、企业内外环境分析、投资回报预测、市场开拓、人力资源管理等环节。在模拟创业这一任务中，学生和责任教师都会面临着大的挑战。学生会结合自己的创业意向，运用所学知识以及所掌握的信息，提交出完备商业计划书，接受评议；教师需要应对学生在模拟过程中所提出各种各样的问题，在总结环节还要求教师能对每个学生立项、风险等给予中肯的分析，帮助学生透彻地了解其创业将要遇到的各种情况以及要做的相应准备。最后，鼓励并指导学生参加国家级、省级、校级等各级大学生创业创新大赛是创业教育的有效形式。创业比赛一方面能够全方位地锻炼学生的创业能力和技巧、检验教学，另一方面能为参赛的大学生带来溢出效应，例如开拓了参赛学生的视野，扩展了他们的人脉，从而为项目寻找政策和资金支持提供了可能性。上述溢出效应将为学生下一步自主创业奠定良好的基础。

综上，在我国的传统儒商文化中蕴含“创造性毁灭”的企业家精神基因，两者之间具有可贵的共通性。这种共通性的存在对高校如何培养大学生的企业家精神具有启发性：高等院校若能汲取我国传统文化中的养料来滋补大学生的价值观体系，则能够更好地达到其教与学的目标。传统儒商文化与新时代“创造性毁灭”企业家精神碰撞产生新儒商文化。本章节重点内容便是基于新儒商培养的视角讨论高校培养企业家精神的具体方法，包括教学方法与学习方法。

第六章　结论与研究展望

就整体而言，本书的核心内容体系由第一章、第二章、第三章、第四章和第五章构成。就整篇论文的路径与结构安排而言，其中第一章构建了研究问题的理论基础；第二章“创造性毁灭”与经济增长的关系内容侧重体现课题的重要研究意义；第三章研究我国高校创新创业教育的现状与存在问题为后续企业家精神的培养研究奠定基础；第四章针对企业家精神培养路径的实证分析，既承接了第三章的内容，又为第五章的内容提供论证依据；第五章以中国传统文化中的“创造性毁灭”基因为研究对象，尝试提供解决问题的“中国方案”。

一、结论

在新时代“创造性毁灭”活动是我国经济的高质量增长的源头；而“创造性毁灭”活动的主导者应该是企业家阶层。高校以其创新创业教育承担起培养大学生企业家精神的责任与担当。

本书针对“创造性毁灭”的历史渊源、概念厘定以及理论的发展现状进行综合研究，进一步论证了“创造性毁灭”活动对经济增长的作用、关于高校突破创新创业教育“范式陷阱”的“创造性毁灭”思路、高校培育大学生“创造性毁灭”精神的路径以及我国传统文化中的“创造性毁灭”基因及其在高校创新创业教育中应用等内容，并得出以下主要结论：

第一，“创造性毁灭”以马克思主义思想为根，以熊彼特的理论体系为本，以企业家精神为载体，以“创新与冒险”为构成维度，以新时代现代化经济体系的构建为基本任务。“创造性毁灭”思路还意味着一种打破常规、不因循守旧的方式方法；“创造性毁灭”还作为一种文化基因流淌在我国新儒商的精神血脉里。

第二，“创造性毁灭”活动体现为一种促进经济增长的技术进步效应。在我国经济的高速增长时期，我国产业所采纳的主要技术为经过本地化改进的外引技术。因此，在产业技术路径的选择过程中其实包含了“创造性毁灭”活动。这一内容的存在使这一时期我国经济增长模式的驱动力出现双重新特性：虽以要素驱动为主，但也是内含了“创造性毁灭”活动。这正是我国经济能够保持30年快速增长的重要原因。在习近平新时代，经济所处的阶段为新常态阶段。在经济新常态下，我国要素驱动经济增长模式下的产业范式面临着严峻的挑战最重要的驱动因素和资本积累的来源—要素的条件供给发生改变，原先的生产优势和竞争已逐步缩小，要素与原有生产技术之间的“默契”已被打破，所生产的产品正逐步丧失市场的正反馈信号。现阶段我国经济新增长点的发掘工作应从寻找增长新的驱动力着手。在这种情况下，显然需要由“创造性毁灭”活动发挥整体的创新作用才能够解决问题。现阶段的“创造性毁灭”活动的内容包括：第一是解决“低端锁定”的问题。第二是解决新的技术路径问题，以构建新的产业范式。针对第一步工作，唯有企业家才具备这种“突围”的能力。

第三，目前我国的一些高校已经陷入了创新创业教育的“范式陷阱”，大学生整体的创新创业动机不足，创业率与创业成功率均处于低位；高校突破创新创业教育“范式陷阱”的一个“创造性毁灭”思路便是借鉴新制度经济学的理论成果，以契约化视角对高校的创新创业教育重新做出系列制度安排，建立起高校大学生创新创业激励机制并以激发大学生创办中小企业为突破口。

第四，在施瓦茨价值观理论体系和量表体系中与“创新”与“冒险”寓意相通的两类价值观类型分别是自我实现价值观和刺激价值观，因而“创造性毁灭”企业家精神的价值观基础为自我实现价值观和刺激价值观。实证分析表明，在高校大学生价值观—创业态度—创业意向存在着层级因果关系。基于此，高校创新创业教育的核心任务是构建企业家精神的价值观基础以及提升大学生的创新创业意向。高校可依照“相关价值观基础塑造—创业态度改善—创业意向形成”的思路，来构建关于培养大学生企业家精神的三步式路径：第一步，借助创新创业教育课程在大学生群体中重塑关于“创造性毁灭”企业家精神的价值观基础；第二步，借助企业家精神价值观的塑造以及校园创新创业文化环境的建设来改善大学生群体的创业态度。第三步，借助企业家精神价值观塑造、大学生创业态度改善以及大学生创新创业激励机制的形成，来综合提升高校大学生群体的创业意向。高校大学生创新创业意向的提升过程中存在着 VBI 自动机制，但是该自动机制的触发须建立在第一步与第二步工作完成的基础上。

第五，我国的传统文化中包含着“创造性毁灭”的基因；新时代将我国传统优秀文化与“创造性毁灭”的企业家精神链接起来，以形成一种符合时代特征的新儒商文化。我国新儒商文化的特征具体表现为：以义取利、创新与冒险、现代契约与以利济世。其中新儒商精神特征的内核为创新。从新儒商文化的视角研究我国高校如何培养大学生的企业家精神，是将我国传统文化中“创造性毁灭”基因有效地应用到高校的创新创业教育中去；并借助优秀传统文化的感召力和吸引力来加强教育的效率和效果。

二、 展望

本课题的研究过程与研究结果中，尚存在一些未尽事宜或者差强人意的地方。

第一，在调研过程中案例的收集与数据的收集工作均存在不够完善的地方。针对国内各高校创新创业的教育范式，所收集到的案例不够翔实、不够具体且数量有限，前期的访谈活动准备不足导致预期的访谈任务完成质量不高是可能存在的原因；针对高校大学生基础价值观体系、创业态度以及创业意向之间关系的实地调研工作，所收集到的数据规模不大且质量一般，可能在调研方式方面仍存在需要改善的地方。

第二，针对本课题的研究任务与研究结论，仍存在一些未尽事宜：例如在论证“创造性毁灭”活动对经济增长的技术进步效应时，没有开展充分的实证检验工作；在论证高校应构建大学生创新创业激励机制时，缺乏关于高校如何激励科技产业化的详尽案例内容做论据支撑等等。

参考文献

一、 期刊

（一） 外文

［1］ Adriaan Van Zon，Roberto Antonietti. Education and training in a model of endogenous growth with creative wear – and – tear［J］. *Economia Politica*，2016，Vol. 33（1）：35 –62.

［2］ Agata Chudzicka – Czupała，Damian Grabowski，Abby L. Mello，Joana Kuntz，Daniela Victoria Zaharia，Nadiya Hapon，Anna Lupina – Wegener and Deniz Börü. Application of the theory of planned behavior in academic cheating research – cross – cultural comparison［J］. *Ethics & Behavior*，2015，（26）：638 –659. DOI：10. 1080/10508422. 2015. 1112745.

［3］ Alain Fayolle Benot Gailly Narjisse Lassas – Clerc. Assessing Entrepreneurship Education Programmes：a New Methodology［J］. *Journal of European Industrial Training*，2006（9）：701 –720.

［4］ Allen Kaufman，Christopher L Tucci，Mark Brumer. Can creative destruction be destroyed? Military IR&D and destruction along the value – added chain［J］. *Research Policy*，2003，32（9）.

［5］ Allyn A. Young. Increasing Returns and Economic Progress［J］. *The Economic Journal*，Vol. 38，1928（152）：527 –542.

［6］ Andrea L. Larson. Sustainable Innovation through an Entrepreneurship Lens［J］. *Business Strategy and the Environment*，2000（9）：304 –317.

［7］ Barrosala，Martin. Technological Diffusion，Convergence and Growth

[J]. *Journal of Economic Growth* , 1997, 12: 1 - 27.

[8] Bloom N, Draca M, Van Reenen J. Trade induced technical change? The impact of Chinese imports on innovation, IT and productivity [J]. *The Review of Economic Studies* , 2006, 83: 87 - 117.

[9] Chung L, Tan KH. The unique Chinese innovation pathways: Lessons from Chinese small and medium sized manufacturing firms [J]. *International Journal of Production Economics* , 2017, 190: 80 - 87.

[10] Clare J. A. Mitchell. Creative destruction or creative enhancement? Understanding the transformation of rural spaces [J]. *Journal of Rural Studies* , 2013, 32.

[11] Donald F. Kuratko. The Emergence og Entrepreneurship Education: Development, Trends and Challenges [J]. *Entrepreneurship Theory and Practice* , 2005, 29, 577 - 597.

[12] Davidov E. A cross - country and cross - time comparison of the human values Measurements with the Second Round of the European Social Survey [J]. *Survey Research Methods* , 2008, 2: 33 - 46.

[13] Davidov E. (2010). Testing for comparability of human values across countries and time with the third round of the European Social Survey. *International Journal of Comparative Sociology* , 51: 171 - 191.

[14] Gao X, Guo X, Sylvan KJ, Guan J. The Chinese innovation system during economic transition: A scale - independent view [J]. *Journal of Informetrics* , 2010, 4: 18 - 28.

[15] George T. Solomon, Lloyd W. Fernald, Jr. Trends In Small Business Management and Entrepreneurship Edudcation in the United States [J]. *Entrepreneurship Theory and Practice* , 1991.

[16] Gianfranco Giulioni. Endogenous recessions: The creative destruction effect of final product novelty [J]. *Economic Modelling* , 2009, 27 (2).

[17] Gronhoj A, Thogersen J. Like father, like son, intergenerational transmission of values, attitude and behaviors in the environmental domain [J]. *Journal of Environmental Psychology*, 2009, 29: 414 -421.

[18] Grossman G. Hart, O. The Costs and Benefits of Ownership: A Theory of Vertical and Lateral Integration [J]. *Journal of Political Economy*, 1986, 1, 94.

[19] Holmström B. Moral hazard and observability [J]. *The Bell journal of Economics*, 1979, 10: 74 -91.

[20] Holmström B. (1982a) Moral hazard in teams [J]. *The Bell Journal of Economics*, 1982: 324 -340.

[21] Homer PM, KahleL R. A structural equation test of the value - attitude - behavior hierarchy [J]. *Journal of Personality and Social Psychology*, 1998, 54: 638 -646.

[22] Hu LT, Bentler, PM, & Kano Y. Can test statistics in covariance structural analysis be trusted? [J]. *Psychological Bulletin*, 1992, 112: 351 -362.

[23] Jiang J, Wang S, Zhao S. Does HRM facilitate employee creativity and organizational innovation? A study of Chinese firms [J]. *The International Journal of Human Resource Management*, 2012, 23: 4025 -4027.

[24] John Thøgersen, Zhou YF, Guang H. How stable is the value basis for organic food consumption in China? [J]. *Journal of Cleaner Production*, 2016, 134: 214 -224.

[25] Kerk L. Phillips, Jeff Wrase. Is Schumpeterian 'creative destruction' a plausible source of endogenous real business cycle shocks? [J]. *Journal of Economic Dynamics and Control*, 2005, 30 (11).

[26] Kuratko, D. F. The Emergence of Entrepreneurship Education: Development, Trends, and Challenges. *Entrepreneurship Theory & Practice*, 2005, 29: 577 -598.

[27] Lee L, Wong PK. Attitude towards entrepreneurship education and new venture creation [J]. *Journal of Enterprising Culture* , 2003, 11: 339 – 57.

[28] Lewis W. A. Economic Development with Unlimited Supplies of Labor [J]. *Manchester School of Economic and Social Studies* , 1954, 22 (2), 139 – 191.

[29] Li H. , Fraumeni B. M. , Z. Liu, X. Wang. Human Capital in China, 1985 – 2008 [J]. *Review of Income and Wealth* , 2013, 59 (2): 213 – 234.

[30] Li X. Sources of external technology, absorptive capacity, and innovation capability in Chinese state – owned high – tech enterprises [J]. *World Development* , 2011, 39: 1240 – 1248.

[31] Liu FC, Simon DF, Sun YT, Cao C. China's innovation policies: Evolution, institutional structure, and trajectory [J]. *Research Policy* , 2011, 40: 917 – 931.

[32] Lucas R. E.. On the Mechanics of Economic Development [J]. *Journal of Monetary Economics* , 1988, 22 (1): 3 – 42.

[33] Maleki A, De Jong M.. A proposal for clustering the dimensions of national culture [J]. *Cross – Cultural Research* , 2014, 48: 107 – 143.

[34] Massell B. F.. A Disaggregated View of Technical Change [J]. *Journal of Political Economy* , 1961, 69 (6): 547 – 557.

[35] Marc J. Melitz. The impact of trade on intra – industry reallocations and aggregate industry Productivity [J]. *Econometrica* , 2003, Vol. 71 (6): 1695 – 1725.

[36] Mirrlees, J. The Optional Structure of Incentives and Authority within an Organization [J]. *The Bell Journal of Economics* , 1976, 01: 105 – 131.

[37] Munshi K. , Mark R.. Networks and Misallocation: Insurance, Migration, and the Rural – urban Wage Gap [J]. *American Economic Review* , 2016,

106 (1): 46 – 98.

[38] Nadide Sevil Tülüce, Asuman Koç Yurtkur. Term of Strategic Entrepreneurship and Schumpeter's Creative Destruction Theory [J]. *Procedia – Social and Behavioral Sciences*, 2015: 207.

[39] Nile W. H., JEFFREY H. D.. Human Capital and Learning as a Source of Sustainable Competitive Advantage. Strategic Management *Journal Strat. Mgmt. J.*, 2004, 25: 1155 – 1178.

[40] liver Hart, John Morre. Incomplete Contracts and Ownership: Some New Thoughts [J]. *The American Economic Review*, 2007, 97 (2): 182 – 186.

[41] Orr G, Roth E.. A CEO' s guide to innovation in China [J]. *McKinsey Quarterly*, 1992, 1: 74 – 83.

[42] Paglin, M., Rufolo, A. M.. Heterogeneous human capital, occupational choice, and male – female earnings differences [J]. *Journal of Labor Economics*, 1990, 8 (01): 123 – 144.

[43] Peneder M.. Industrial Structure and aggregate Growth [J]. *Structural Change and Economic Dynamics*, 2003, 14 (4): 427 – 448.

[44] Perrinjaquet A, Furrer O, Marguerat D, Usunier JC & Cestre G. A test of circumplex structure of human values [J]. *Journal of Research in Personality*, 2007, 41: 820 – 840.

[45] Peter Thompson. Learning from the experience of others: Parameter uncertainty and economic growth in a model of creative destruction [J]. *Journal of Economic Dynamics and Control*, 2000, 24 (9).

[46] Piras R.. A Long – run Analysis of Push and Pull Factors of Internal Migration in Italy. Estimation of a Gravity Model with Human Capital Using Homogeneous and Heterogeneous Approaches [J]. *Papers in Regional Science*, 2017, 96 (3): 571 – 602.

[47] Polachek S. W., Das T., Thamma – Apiroam R.. Micro – and Mac-

roeconomic Implications of Heterogeneity in the Production of Human Capital [J]. *Journal of Political Economy*, 2015, 123 (6): 1410 - 1455.

[48] Prabir C. Bhattacharya. Rural - Urban Migration in Economic Development [J]. *Journal of Economic Surveys*, 1993, 7 (03): 243 - 273.

[49] Ranis G., Fei J. C. H.. A Theory of Economic Development [J]. *American Economic Review*, 1961, 51 (04): 533 - 565.

[50] Raouf Boucekkine, Blanca Martinez. Replacement, adoption and economic dynamics: lessons from a canonical creative destruction model [J]. *Structural Change and Economic Dynamics*, 2003, 14 (3).

[51] Ravallion, M. and Huppi, M.. Measuring changes in poverty: a methodological case study of Indonesia during an adjustment period [J]. *The World Bank Economic Review*, 1991, 5 (1): 57 - 82.

[52] Romer P. M.. Increasing Returns and Long - run Growth [J]. *Journal of Political Economy*, 1986, 94 (5): 1002 - 1037.

[53] Romer P. M.. Endogenous Technological Change [J]. *Journal of Political Economy*, 1990, 98: S71 - S102.

[54] Ross S. A., Wachter M. L.. Wage determination, inflation, and the industrial structure [J]. *The American Economic Review*, 1973, 63 (4): 675 - 692.

[55] Schwartz SH. Universals in the content and structure of values: theoretical advances and empirical Tests in 20 countries [J]. *Advances in Experimental Social Psychology*, 1992, 25: 1 - 65.

[56] Schwartz SH, Melech G, Lehmann A, et al. Extending the cross - culture validity of the theory of basic human values with a different Method of Measurement [J]. *Journal of Cross - cultural Psychology*, 2001, 32: 519 - 542.

[57] Shalom H. Schwartz Gila Melech arielle Lehmann. Extending the Cross - Cultural Validity of the Theory of Basic Human Values with a Didfferent Method of

Measurement [J]. *Journal of Cross - cultural Psychology* , 2001, 32 (5).

[58] Timmer M. P. , Szirmai A. . Productivity Growth in Asian Manufacturing: the Structural Bonus Hypothesis Examined [J]. *Structural Change and Economic Dynamics* , 2000 (4): 371 - 392.

[59] Tokman V. E. . Policies for a heterogeneous informal sector in Latin America [J]. *World Development* , 1989, 17 (7): 1067 - 1076.

[60] Vavrus F. . Adjusting inequality: Education and structural adjustment policies in Tanzania [J]. *Harvard Educational Review* , 2005, 75 (2): 174 - 201.

[61] Veenendaal A. A. , Van Velzen M. , Looise J. K. . Affecting Innovation through HRM: the Role of Creative Capital [J]. *European Journal of International Management* 11 , 2014, 8 (5): 472 - 487.

[62] W. Brian Arthur. Competing Technologies, Increasing Returns, and Lock - In by Historical Events [J]. *The Economic Journal* , 1989, (394): 116 - 131.

[63] Wang PP, Zhang LL, Wang XF, Geng JT, Gao XM, Ma JM, Jia RK. Career exploration and decision self - efficacy scale: Factorial Structure and Validity [J]. *Journal of College Student Development* , 2018, 59, 475 - 478.

[64] Wu H. X. , Yue X. . Accounting for Labor Input in Chinese Industry, 1949 - 2009. *RIETI Discussion Paper Series* , 2013, 12 - E - 065.

[65] Xiao K. Y. , Jeff Borland. A Microeconomic Mechanism for Economic Growth [J]. *Journal of Political Economy* , 1991, 99 (3): 460 - 482.

[66] Yao Z. . Factor Reallocation Effect and Productivity in China ' s Economic Growth, 1985 - 2007 [J]. *Chinese Economy* , 2010, 43 (1): 44 - 70.

[67] Young A. . Gold into Base Metals: Productivity Growth in the People' s Republic of China during the Reform Period [J]. *Journal of Political Economy* , 2003, 111 (6): 1220 - 1261.

[68] Yuki, K.. Sectoral Shift, Wealth Distribution, and Development [J]. *Macroeconomic Dynamics*, 2008, 12 (4): 527-559.

（二）中文

[1] 曹胜利. 大力发展创新创业教育，需要一场思维范式的革命. [J]. 出国与就业：就业版, 2010 (16): 2—3.

[2] 曹之然. 创业理论研究：共识、冲突、重构与观察 [J]. 现代经济探索, 2008 (9): 39—43.

[3] 陈斌. “创造性破坏”诠释企业家精神 [J]. 理论学习, 2013 (07): 41.

[4] 陈光玖，张斌，陈军华. 人力资源管理领域创业教育有效性研究 [J]. 科学管理研究, 2008, 26 (06): 74—77.

[5] 陈佳美. 组织创新对中国经济增长质量提高的影响分析 [J]. 经济学家, 2013 (12): 36—41.

[6] 陈晓讯，夏海勇. 我国劳动力流动对迁出地经济发展的影响——基于人才获得理论的考察 [J]. 南京社会科学, 2012, (11): 29—35.

[7] 程斯辉，武家舫. 关于儒家培养创造性人才思想的思考 [J]. 教学与管理, 1999 (11): 3—6.

[8] 丁栋虹，刘志彪. 从人力资本到异质性人力资本 [J]. 生产力研究, 1999 (03): 7—9.

[9] 丁洪. 儒商新议 [J]. 财贸研究, 1996 (3): 59—60.

[10] 丁三青. 中国需要真正的创业教育——基于“挑战杯”全国大学生创业计划竞赛的分析 [J]. 高等教育研究, 2007 (3): 87—94.

[11] 都阳，蔡昉，屈小博，程杰. 延续中国奇迹：从户籍制度改革中收获红利 [J]. 经济研究, 2014 (8): 4—13.

[12] 范道津，张雄林. 基于异质型人力资本集聚的区域经济发展模式研究 [J]. 科技进步与对策, 2008, 25 (1): 44—47.

[13] 高志华，杨绍清，Juergen Margraf，Xiaochi Zhang. 2016. 施瓦茨价

值观问卷（PVQ—21）中文版在大学生中的修订［J］. 中国健康心理学杂志，2016（11）：1684—1688.

［14］龚小庆. 经济系统涌现和演化——复杂性科学的观点. 财经论丛（浙江财经学院学报），2004（10）：12—18.

［15］郭沫若. 凤凰涅槃［N］. 时事新报·学灯，1920（01）.

［16］洪银兴. 中国特色社会主义政治经济学范畴与《资本论》原理的内在联系——以创新发展理念的理论溯源为例［J］. 当代经济研究，2017（12）：24—30，97.

［17］胡宏兵. 教育人力资本促进经济增长的效应研究——基于抽样面板因果检验方法的实证分析［J］. 教育研究，2014（10）：48—56.

［18］胡永泰. 中国全要素生产率：来自农业部门劳动力再配置的首要作用［J］. 经济研究，1998（03）：33—41.

［19］贾亭. 新时代企业家精神的重构逻辑［J］. 广东社会主义学院学报，2018（03）：84—88.

［20］姜大源. 职业教育：模式与范式辨［J］. 中国职业技术教育，2008（31）：1，19.

［21］李宝良，郭其友. 冲突与合作经济治理的契约解决之道——2016年度诺贝尔经济学奖得主主要经济理论贡献述评［J］. 外国经济与管理，2016（11）：115—128.

［22］李春茹. 拓展提高中华文化国际影响力的途径［N］. 人民日报，2010—11—15：07.

［23］李国锋，孙雨洁，张冰超. 基于SEM模型的大学生创业意愿影响因素研究——来自山东省6所高校的实证数据［J］. 山东财经大学学报，2017（6）：83—90.

［24］李科，张杰. 新儒商精神教育在课堂教学中的探索与实践［J］. 山东工商学院学报，2014（12）：114—118.

［25］李时椿. 我国高校亟待开展正规创业教育［J］. 科技管理研究，

2008（10）：85—89.

［26］李西子．由熊彼特的三个问题对中国现阶段的思考——读《资本主义、社会主义与民主》有感［J］．经济师，2012（1）：27—28.

［27］李玉梅．中国产业结构变迁中“逆库滋涅茨化”效应测量及分析［J］．数量经济技术经济研究，2017（11）：98—114.

［28］李玉梅．产业结构调整的“逆库兹涅茨化”问题：理论、原因及对策［J］．齐鲁学刊，2018（02）：104—108.

［29］李志永．日本高等教育质量评估机制探讨［J］．湖州师范学院学报，2010（5）：134—137.

［30］梁运文．企业家精神、战略演化与中国工业竞争力的“创造性毁灭”［J］．经济问题探索，2008（07）：72—77.

［31］梁运文．企业战略平滑化演化与中国工业竞争力“创造性毁灭”［J］．广西大学学报（哲学社会科学版），2009，31（05）：1—7.

［32］林跃鑫．警惕大学范式陷阱［J］．世界教育信息，2014，27（04）：62—64.

［33］刘必千．高职院校创业教育有效性评价研究［J］．黑龙江教育（高教研究与评估），2011（07）：7—8.

［34］刘星，郭剑雄．劳动力选择性转移下农业人力资本深化的政策［J］．经济纵横，2012，（11）：9—11.

［35］刘方龙，吴能全．“就业难”背景下的企业人力资本影响机制——基于人力资本红利的多案例研究［J］．管理世界，2013（12）：145—159.

［36］刘刚．中国经济发展中“涌现”的现象及其发展模式的形成和演变［J］．经济学家，2011（1）：23—30.

［37］刘伟，张辉．中国经济增长中的产业结构变迁和技术进步［J］．经济研究，2008（11）：4—15.

［38］卢晓东．范式陷阱及其对创造性的制约［N］．科学时报，2011—3—1.

［39］罗贤甲，杨树明. 论高校创业教育的有效性［J］. 思想教育研究，2010（09）：55—58.

［40］罗勇，王亚，范祚军. 异质型人力资本、地区专业化与收入差距——基于新经济地理学视角［J］. 中国工业经济，2013（02）：31—43.

［41］路葵. 对我国高校创业教育的理性思考［J］. 当代青年研究，2010（3）：58—64.

［42］米银俊，吕新铭. 大学创业教育范式比较与话语建构［J］. 高教探索，2016（02）：112—117.

［43］苗泽华. 新儒商的商业伦理观及其管理模式［J］. 商业研究，2010（9）：200—202.

［44］任保平，甘海霞. 中国经济增长质量提高的微观机制构建. 贵州社会科学，2016（05）：111—118.

［45］邱宁. 基于财经类院校教育的视角看新儒商［J］. 南京财经大学学报，2006（7）：97—100.

［46］屈强，何新华，刘中晅. 系统涌现的要素和动力学机制. 系统科学学报. 2017（08）：25—29.

［47］申超. 高等教育：面临创造性毁灭［J］. 英语文摘，2014（12）：51—54.

［48］沈超红，谭平. 国外创业教育效果评价的有效性分析［J］. 创新与创业教育，2010，1（02）：3—7.

［49］施永川，黄兆信，李远熙. 大学生创业教育面临的困境与对策［J］. 教育发展研究，2010（21）：71—74.

［50］舒福灵，景玲，李幼平. 中国创业教育的理论范式与实践发展研究［J］. 广西民族师范学院学报，2011，28（05）：125—127.

［51］苏海泉，余岚. 大学创业教育比较——以中国、印度、日本为个案［J］. 辽宁工程技术大学学报（社会科学版），2011（2）：191—193.

［52］温杰，张建华. 中国产业结构变迁的资源再配置效应［J］. 中国软

科学，2010（06）：57—67.

［53］吴静. 环境规制能否促进工业“创造性破坏”——新熊彼特主义的理论视角［J］. 财经科学，2018（5）：67—78.

［54］劳动力流动对经济增长的贡献［J］. 经济研究，2016（2）：97—110.

［55］吴振铨. 高校创业社团建设与大学生就业的研究［J］. 知识经济，2014（24）.

［56］杨芳. 革新工作范式构建创新创业教育新机制［J］. 中国高等教育，2005（17）：41—42.

［57］杨建芳，龚六堂，张庆华. 人力资本形成及其对经济增长的影响——一个包含教育和健康投入的内生增长模型及其检验［J］. 管理世界，2006（05）：10—18.

［58］谢丽丽. 21 世纪日本高校的创业教育及其启示［J］. 高教探索，2010（6）：75—79.

［59］徐守榜. 试论儒家思想和儒家精神对民（私）经济的影响和价值［J］. 江淮论坛，1999（2）：58—62.

［60］杨幽红. 创新创业教育理论范式与实践研究［J］. 中国高校科技，2011（6）：75—76.

［61］严毛新. 中国高校创业教育的使命［J］. 中国青年研究 2011（5）：104—106.

［62］鄢亚晨，黄阳华. 开放经济中熊彼特经济发展假说的拓展与经验证据［J］. 数量经济技术经济研究，2012（9）：82—94.

［63］殷丽梅. 创新驱动发展战略下企业家精神培养［J］. 重庆科技学院学报（社会科学版），2016（7）：48—50.

［64］余保华，何刚，李恕洲，余泽东. 基于 SEM 的人力资本对经济增长的影响分析——以中东部地区为例［J］. 安徽理工大学学报（社会科学版），2016（06）：10—15.

［65］于同申．“创造性毁灭”和网络经济条件下的自主科技创新［J］．中国工业经济，2006（05）：64—71．

［66］张春虎．英国高校创业人才培养的实践及借鉴［J］．中国高校科技与产业化，2010（7）：58—59．

［67］张俊，颜吾芟．论大学生创业教育［J］．北京交通大学学报，2008（1）：95—99．

［68］张项民．基于专业教学的创业教育范式研究［J］．中国高教研究，2008（11）：68—69．

［69］张秀艳，张嵩．创业、知识过滤与毁灭性创新——基于Aghion&Howitt 毁灭性创新模型的扩展研究［J］．吉林大学社会科学学报，2014，54（04）：66—74，173．

［70］张炎荪，杨杏芝．儒商精神及其现代价值［J］．山西师大学报，1998（3）：74—75．

［71］张永民，鲁伟，周斌．转型与对接：高职院校创新创业教育范式与模式研究［J］．职教论坛，2016（17）：32—35．

［72］张志达．高校创业大赛低效，原因何在？［J］．教育与职业，2014（31）：89—89．

［73］赵向阳，李海，孙川．从个人价值观到创业意愿：创造力作为中介变量［J］．北京师范大学学报：社会科学版．2014（3）：115．

［74］郑士鹏．一带一路建设中文化交流机制的构建［J］．学术交流，2015（12）：112—117．

［75］周敏慧，Jean – Louis ARCAND，陶然．企业家精神代际传递与农村迁移人口的城市创业［J］．经济研究，2017（11）：74—87．

［76］朱富强．市场主体的分散行动能否导向市场协调—奥地利学派的市场过程观审视［J］．天津社会科学，2017（6）：107—116．

［77］庄子银．企业家精神、持续技术创新和长期经济增长的微观机制［J］．世界经济，2005（12）：32—43．

二、 著作

（一）英文

［1］Aghion，P.，Howitt，P.. Endogenous Growth Theory［M］. Cambridge，MA：MIT press，1998.

［2］Akhilesh T.. The Making of India：Game Changing Transitions［M］. Mumbai：Peplika Press Pvt. Ltd，2015.

［3］Herzberg，Frederick；Mausner，Bernard；Snyderman，Barbara B.. The Motivation to Work（2nd edition）［M］. New York：John Wiley，1959.

［4］John H. Holland：Emergence：from Chaos to Order［M］. Basic Books（AZ）：Newyork，U. S. A. 1999.

［5］Joseph A. Schumpeter. Capitalism，Socialism and Democracy［M］. Edition Published in the Taloy & Francis e – Library，2003.

［6］Kuznets S.. National Income and Its Composition，1919 ~ 1938［M］. New York：National Bureau of Economic Research，Inc，1941.

［7］Nehru V.. The Chinese Economy：Fighting Inflation，Deepening Reforms Washington，D. C.：World Bank Publications，1996.

［8］Reinert，Hugo；Reinert，Erik S.（2006）." Creative Destruction in Economics：Nietzsche，Sombart，Schumpeter". Chapter 4 of Friedrich Nietzsche（1844 –1900）［M］. New York：Springer Science & Business Media，LLC.

［9］Spencer L. M.，Spencer S. M. Competence at work：Models for superior performance［M］. NewYork：JohnWiley & Sons，Inc.，1993.

［10］Sugihara，Kaoru. The East Asian Path of Economic Development：A Long – term Perspective. The Resurgence of East Asia：500，150 and 50 Year Perpectives［M］. London and New York：Routledge，2003

［11］Syrquin M.. Resource Allocation and Productivity Growth［M］. Bar – llan University，Department of Economics，Economics Research Institute，1982.

[12] Thcmas S. Kuhn. The Structure of Scientific Revolutions [M]. Chicago: The University of Chicago Press, 1962.

[13] Taylor J. E., Martin P. L.. Human Capital: Migration and Rural Population Change. Handbook of Agricultural Economics [M]. Elsevier, edition 1, volume 1, number 1, 2001.

(二) 中文

[1] 哈尔·R. 范里安. 微观经济学：现代观点（第6版）[M]. 费方域，等译，上海：上海人民出版社，2002.

[2] 海迪M. 内克，帕特里夏G. 格林，坎迪达G. 布拉什. 如何教创业：基于实践的百森教学法 [M]. 北京：机械工业出版社，2015.

[3] 胡乐明，刘刚：《新制度经济学原理》[M]. 北京：中国人民大学出版社，2014.

[4] 扈鲁. 葫芦文化丛书（第一辑）[M]. 北京：中华书局，2018.

[5] 侯文华. 大学生创新创业教育教程 [M]. 北京：科学出版社，2012.

[6] 科斯，等. 契约经济学 [M]. 李风圣等译，经济科学出版社，1999.

[7] 梁猛 微观经济增长 [M]. 上海：上海交通大学出版社，2014.

[8] 罗伯特，考特. 法和经济学 [M]. 张军，等译，上海：上海人民出版社，1994.

[9] 马克思. 资本论（第一卷）[M]. 北京：人民出版社，2004.

[10] 马克思恩格斯文集：第5卷 [M]. 北京：人民出版社，2009.

[11] 韦立. 儒商精神与大学生创业研究 [D]. 南宁：广西民族大学，2013.

[12] 王金营. 人力资本与经济增长：理论与实证 [M]. 北京：中国财政经济出版社，2001.

[13] 王亚南. 资产阶级古典政治经济学选集 [M]. 北京：商务印书馆，

1979.

［14］亚当·斯密. 国富论［M］. 南京：译林出版社，2012.

［15］张力群. 印度经济增长研究［M］. 南京：东南大学出版社，2009.

［16］郑玉歆，罗斯基. 体制转换中的中国工业生产率［M］. 北京：社会科学文献出版社，1993.

附 录

一、调查问卷

亲爱的朋友：

您好！感谢您花费时间完成这一问卷。您对这一问卷与您实际情况符合的回答，将使我们真实了解有关当代大学生心理和行为的重要情况，感谢您为科学研究做出的贡献。这一问卷中所有答案都没有对错、好坏、高低之分，与您的生活、学习和工作也没有任何利害关系。您回答的结果只汇总在总的科学研究报告中，没有人可以辨别您怎样回答，请放心根据您自己的实际情况和真实想法来回答所有项目。谢谢您的合作！

（一）请先填写个人信息

1．性别

◎男

◎女

2．入学前长期居住地

◎村镇

◎县级（县级市）

◎中等城市

◎大城市

3．专业

◎文

◎理

◎工

4. 学历

◎专科

◎本科

◎研究生

5. 家庭经济情况

◎非常贫穷

◎贫穷

◎一般

◎比较富裕

◎非常富裕

注：家庭贫富标准线设为：家庭收入10万元以下（非常贫穷、贫穷），10万－50万元（一般），50万元以上（比较富裕、非常富裕）。

6. 家庭成员或亲戚朋友有无创业经历

◎有

◎无

7. 您接受创业教育的程度

◎从未有过

◎上过一两门创业教育课程

◎ 接受过系统的创业教育

（二）肖像价值观问卷

以下每个项目都描述了一个肖像，请您根据实际情况判断被描述的人与自己的相似程度（画对号表示）。评价分数的含义为：

“1＝非常像我”；“2＝像我”；“3＝有些像我”；“4＝有一点像我”；“5＝不像我”；“6＝一点都不像我”

PVQ—21 价值观问卷（分值越低代表某类型价值观越典型）

序号	项目	非常像我	像我	有些像我	有一点像我	不像我	一点都不像我
1	创造性和新颖的想法对他（她）来说很重要/他（她）喜欢用独创的方法做事	1	2	3	4	5	6
2	财富对他（她）很重要/他（她）想拥有很多钱和贵重的东西	1	2	3	4	5	6
3	他（她）认为平等对待世界上的每一个人很重要/他（她）相信在生活中每一个人都应该有平等的机会	1	2	3	4	5	6
4	展示自己的能力对他（她）来说很重要/他（她）想让人们都能欣赏自己的才华	1	2	3	4	5	6
5	生活在安全的环境中对他（她）很重要/他（她）回避任何可能危及安全的事情	1	2	3	4	5	6
6	一生中做很多不同的事情对他（她）很重要/他（她）总是想尝试新鲜事物	1	2	3	4	5	6
7	他（她）认为应该按照要求去做事情/无论是否有人监管都应该遵守规定	1	2	3	4	5	6
8	他（她）认为倾听与自己观点不同的意见很重要/就算他（她）不赞同，他（她）仍然想要理解这些观点	1	2	3	4	5	6
9	谦逊温和对他（她）很重要/他（她）试图不引起别人的注意	1	2	3	4	5	6
10	享受生活的快乐对他（她）很重要/他（她）喜欢“宠爱”自己	1	2	3	4	5	6
11	凡事自己做决定对他（她）来说很重要/他（她）喜欢自由，而不依靠他人	1	2	3	4	5	6
12	帮助周围的人对他（她）很重要/他（她）关心他们的康乐	1	2	3	4	5	6

（续表）

13	成功对他（她）很重要/他（她）希望人们都能认可他的成就	1	2	3	4	5	6
14	政府确保他的安全以防所有威胁对他（她）很重要/他（她）希望国家强大能够保护自己的公民	1	2	3	4	5	6
15	他（她）寻求奇遇，喜欢冒险/他（她）想过令人兴奋的生活	1	2	3	4	5	6
16	他（她）认为举止得体很重要/他（她）尽量避免做那些人们认为不对的事情	1	2	3	4	5	6
17	别人的尊重对他（她）很重要/他（她）希望人们按照他说的来做	1	2	3	4	5	6
18	对朋友忠诚对他（她）很重要/他（她）愿意为身边的人付出	1	2	3	4	5	6
19	他（她）坚信人们应该关爱大自然/保护环境对他（她）很重要	1	2	3	4	5	6
20	传统对他（她）来说是重要的/他（她）试图保持自己从宗教或者家庭得来的风俗习惯	1	2	3	4	5	6
21	他（她）把握每一个享乐的机会/做令自己开心的事对他（她）很重要	1	2	3	4	5	6

（三）创业态度问卷（分值越低越赞成）——（5点李克特量表）

我认为大学生创业

（1）1◎非常好　2◎好　3◎无所谓　4◎不好　5◎非常不好

（2）1◎非常令人愉快　2◎令人愉快　3◎无所谓　4◎令人不愉快　5◎非常令人不愉快

（3）1◎非常明智的　2◎明智的　3◎无所谓　4◎愚蠢的　5◎ 非常愚蠢的

（4）1◎非常有用的　2◎有用的　3◎无所谓　4◎无用的　5◎ 非常无用的

（5）1◎非常有利可图 2◎有利可图 3◎无所谓 4◎无利可图 5◎极其无利可图

（四）创业意向问卷——（5点李克特量表）（分值越低越有意向创业）

1. 有机会的话，我会选择创业

1◎很可能 2◎可能 3◎不知道 4◎不可能 5◎非常不可能

2. 我永不会选择创业

1◎肯定不是真的 2◎不是真的 3◎不知道 4◎真的 5◎肯定是真的

3. 我以后会创业

1◎肯定是真的 2◎真的 3◎不知道 4◎不是真的 5◎肯定不是真的

（五）创业行为问卷

您适合以下哪种情况？

1 正在创业

2 曾经创业过

3 正在参加/参加过创业大赛

4 创业社团成员

5 以上四种情况均不符合

请简单说明您所参加的创新创业活动或创业经历是：

____

二、PVQ 中价值观构体的定义（英文原文）

Definitions of 10 Value Constructs in Terms of their Goals and Examples of PVQ Items that Represent Them (Male Version)

POWER	Social status and prestige, control or dominance over people and resources. (He likes to be in charge and tell others what to do. He wants people to do what he says.) ACHIEVEMENT: Personal success through demonstrating competence according to social standards. (Being very successful is important to him. He likes to stand out and to impress other people.)

（续表）

ACHIEVEMENT	Social status and prestige, control or dominance over people and resources. (He likes to be in charge and tell others what to do. He wants people to do what he says.) ACHIEVEMENT: Personal success through demonstrating competence according to social standards. (Being very successful is important to him. He likes to stand out and to impress other people.)
HEDONISM	Pleasure and sensuous gratification for oneself. (He really wants to enjoy life. Having a good time is very important to him.)
STIMULATION	Excitement, novelty, and challenge in life. (He looks for adventures and likes to take risks. He wants to have an exciting life.)
SELF – DIRECTION	Independent thought and action – choosing, creating, exploring. (He thinks it' s important to be interested in things. He is curious and tries to understand everything.)
UNIVERSALISM	Understanding, appreciation, tolerance and protection for the welfare of all people and for nature. (He thinks it is important that every person in the world should be treated equally. He wants justice for everybody, even for people he doesn' t know.)
BENEVOLENCE	Preservation and enhancement of the welfare of people with whom one is in frequent personal contact. (He always wants to help the people who are close to him. It' s very important to him to care for the people he knows and likes.)
TRADITION	Respect, commitment and acceptance of the customs and ideas that traditional culture or religion provide the self. (He thinks it is important to do things the way he learned from his family. He wants to follow their customs and traditions.)
CONFORMITY	Restraint of actions, inclinations, and impulses likely to upset or harm others and vio – late social expectations or norms. (He believes that people should do what they' re told. He thinks people should follow rules at all times, even when no one is watching.)
SECURITY	Safety, harmony and stability of society, of relationships, and of self. (The safety of his country is very important to him. He wants his country to be safe from its enemies.)

来源：SHALOM H. SCHWARTZ GILA MELECH ARIELLE LEHMANN. EXTENDING THE CROSS – CULTURAL VALIDITY OF THE THEORY OF BASIC HUMAN VALUES WITH A DIFFERENT

METHOD OF MEASUREMENT. JOURNAL OF CROSS – CULTURAL PSYCHOLOGY. Vol. 32 No. 5, September 2001. P521.

三、创业教育系列课程“音乐与啤酒”体验教学法教学设计

商务谈判的艺术

教学背景：

商海中的企业，商务谈判是其交易中最重要的环节之一，创业者要成为一流商务谈判人才必须情商财商智商兼备。该教学设计的目的一方面激发学生兴趣掌握谈判技巧，另一方面也训练了学生情商。

教学目标：

1. 情感、态度与价值观：通过本课的学习，体味商务谈判的精神与魅力，升华学生对谈判活动的兴趣与认识。

2. 知识与技能：

（1）理解商务谈判各阶段的主题精神

（2）掌握商务谈判磋商阶段的让步方式

教学方法：

过程与方法：娱乐体验教学法，运用多媒体教学手段通过欣赏、分析、归纳的方法，启发学生积极体验与感受 。

教学过程：

（一）导入：

——播放《命运》第一乐章（2 分钟左右，欣赏领会）。

师：同学们，熟悉这个音乐吗？

生：贝多芬《命运交响曲》。

师：完全正确。这是贝多芬最伟大的作品之一。我们常说商务谈判是一门艺术，可以说商务谈判的整个过程就是奏响了一首交响乐（相信吗），这个过程中有主题有节奏，有高潮有低谷。今天就让我们从一个新的视角领略一下的商务谈判的艺术魅力。

［设计说明：创设情境——通过贝多芬《命运交响曲》的引出教学课题］

（二）贝多芬《命运交响曲》与商务谈判主题的艺术性

1. 师：贝多芬《命运交响曲》包含四个乐章。揭示了通过斗争达到胜利的历程。第一乐章开头是由三短一长的四个音符构成的短句，即命运的敲门声，简短的、干净利落的，但富有力量，充满悬念。接着，第二乐章舒缓的旋律，却蕴含着暗流涌动的力量，鼓舞着前行者继续前进。在第三乐章中，音乐的气氛也突然从平和转为阴暗，表现了一个艰难奋争的历程。第四乐章是关于胜利的欢呼。

2. 师：商务谈判过程同样是一场通过斗争取得胜利的历程。谈判双方要经过实力、智力、技术的具体较量。正式谈判具体分为报价阶段、磋商阶段和成交阶段。在报价阶段，通过报价为谈判划定了框架或基准线，像命运的敲门声一样，为谈判双方最后的利益设定了界限并创造了悬念；磋商阶段进入谈判的艰苦阶段，有唇枪舌剑、剑拔弩张的常态也有其乐融融、轻松自在的场外交易，双方都十八般武艺用尽，或利用竞争或软硬兼施或下最后通牒，正如交响曲中第二乐章与第三乐章一样，既舒缓又紧张，既平和又阴暗；在成交阶段，是美酒咖啡夜光杯的阶段，保证既得利益，又为长远合作打下基础，双方高调庆贺，主宾甚欢。这正如交响曲中第四乐章。

3. 师：（总结）商务谈判如同命运交响曲一样充满艺术性。

［设计说明：比较商务谈判的各阶段与命运交响曲四个乐章在主题方面的高契合度］

（三）以磋商阶段为例，展示商务谈判过程中的节奏感

1. 师：正如音乐一样，谈判是有节奏的。商务谈判中最关键的是哪个阶段?

2. 生：是磋商阶段。

3. 师：磋商阶段便是在讨价还价中让步的阶段。以此为例，可具体说明谈判过程中的节奏感。让步的节奏指的是让步的时机与幅度。

（1）让步的原则：不要做无谓的让步、让步让得恰到好处、让步要做到步步为营。

（2）四种典型的让步的方式（见下表）及其特点

让步方式	预定让步（元）	第一期让步	第二期让步	第三期让步
1	45	0	0	45
2	45	15	15	15
3	45	15	10	20
4	45	45	0	0

4．生：（出声）用三短一长的四个音符感受每个让步方式的节奏

[设计说明：通过用不同让步方式的来体现谈判过程的节奏感，并让学生亲身体验]

（四）教师总结

成功的谈判与伟大的音乐所共有的东西便是打动人心的东西。为了达到这个目标，音乐家们耗尽了一生的精力。如果我们报以同样的敬畏感来研究商务谈判课题，研究其策略、技巧，特别是研究如何让整个谈判具有人情味和感染力，研究如何达到皆大欢喜的共赢目标。唯有如此，我们才能培养出高明的谈判大师来。相信能够艺术地驾驭商务谈判技巧的创业人员定会在事业上取得非

（五）播放《命运交响曲》第四乐章结尾部分。

（六）作业

课下完整聆听贝多芬命运交响曲，结合所学内容领会商务谈判的艺术性。

后　记

鸡儿鸣

昕潮涨了，

昕潮涨了，

死了的光明更生了。

春潮涨了，

春潮涨了，

死了的宇宙更生了。

生潮涨了，

生潮涨了，

死了的凤凰更生了。

凤凰和鸣

我们更生了。

我们更生了。

一切的一，更生了。

一的一切，更生了。

我们便是他，他们便是我。

我中也有你，你中也有我。

我便是你。

你便是我。

火便是凰。

凤便是火。

翱翔！翱翔！

欢唱！欢唱！

——节选自郭沫若《凤凰涅槃·凤凰更生歌》

首先，我们为什么选择“创造性毁灭”这一研究课题？

虽然国内有不少学者很早就意识到创新与创新精神对中国的重要性，但是在2010年之前的中国，更多的研究意义似乎仍停留在未雨绸缪或者说高屋建瓴的阶段。直到2010年前后，伴随着人口红利的丧失，“民工荒”甚嚣尘上，工业成本飙升，商界与学术界几乎同时深刻地体会到原来一直奏效的、支撑起中国经济高速增长的、要素驱动经济模式突然不奏效了、突然支撑不起了。对经济增长新驱动力的呼唤由最初的声声入耳、直到现在的震耳发聩。但是短期内事情却不可能得到改观。最终，中国在一些领域的“创新不足”问题完全暴露在众目睽睽之下，几乎令所有中国人感同身受、痛心疾首。以中兴事件为例，自2016年爆发至今，美国商务部最终对中兴通讯实施了出口限制与罚款措施。尤其是2018年3—4月间，几乎所有人，包括各行各业的人，从学者、商人、公务员到出租车司机、车间工人和农民，都在关注着因“中国芯”的缺乏，而不得不仰人鼻息的中兴通讯股份有限公司，无奈地在次次谈判中对美国做出妥协。该事件再一次验证了一个跟“落后就要挨打”类似的道理——“不创新就会受罚”。

时间停留在2018年3月，地点德国科隆五金展。笔者当时以展销商和科研工作者的双重身份参会。记得每天都仔细地沿着三个展馆来回地浏览，一方面考察“中国制造”在五金产品方面较过去有无进步；一方面分析“中国制造”跟“印度制造”的优势有多大；另一方面评估“中国制造”与“德国制造”的差距在哪里。期间观察到来自中国台湾的展销商们在展厅内一再地强调他们产品具有“innovation inside”的优势；也看到不少印度商人对客户努力与艰难地阐释他们产品的特色与专长，尤其是与“中国制造”的不同之处；还看到严肃又严谨的德国人在饱受移民问题困扰的同时一丝不苟地坚持他们的工匠精神。当然，看到最多的是国内的参展商及其产品，他们财大气粗地占据了整个科隆五金展近90%的位置，却提供了很多年年类似的、技术进步不大的展品。当然，实事求是地讲，也有一些国内企业展出了新产品，且从展馆显示屏上显示的促销内容来看，也有不少企业的确在走研发与创新之路；但更多的中小企业却仍在沿袭着薄利多销的套路。何以得知？展会结束之时，含有较高附加值的展品往往会被不遗余力地带回；而随处可见的是国内多数企业将其展品毫不吝惜地直接放弃或者廉价处理。创新从来都是需要勇气和魄力的，旧的生产模式、思维模式与交易模式不被彻底地打破就不会取得大的进展，正如传说中的凤凰不经过涅槃的过程就不会有新生一样。

事实上，几十年中国经济的高速增长已经让许多人养成盲目乐观的习惯。中国劳动要素的比较优势没有了吗？他们不相信或者不愿意相信。在针对企业的实地调研中，笔者常常发现习惯于做OEM的工厂，宁愿维持微利现状也不情愿组建自己的研发部门，他们常常在研发投入上针针计较却在别的方面一掷千金。首先必须承认，我国自改革开放以来，经济近三十年的迅猛发展主要以劳动要素的数量与成本为驱动力，但是期间也内含一定程度的创新活动，在本书内将之归结为“技术的本土化改进”。具体而言，即便是采纳外引技术，也根据国内劳动力的素质条件、产业的生产方式以及市场的消费习惯对它们实施了改进，这也可称之为“创造性毁灭”活动。尽管这只能是一定范围内的、小规模的“创造性毁灭”活动，但是它们却使这一特定阶段我国经济增长模式具备了要素驱动为主，内含一定“创新驱动”的鲜明特征。可以举多个例子来说明这一特征。例如百度公司的发展历程。百度公司在其成长过程中学习了西方的互联网技术，但在国内市场上它之所以能战胜谷歌并得以长足的发展，更依赖于其根据汉语的特点和国内的搜索习惯进行的技术革新；再例如广泛应用于隧道挖掘工程的盾构机生产技术在国内的发展经历。该技术始于英国，发展于日本、德国，目前在中国技术得以质的突破——我国已经具备国际上最先进的、间接式双枪气垫双回控制技术并配备机器人共同作业。其次必须看到，在我国的现阶段，基于劳动要素的比较优势已经逐步消失，当二元制经济社会进入劳动力的有限供给阶段，当需要的新技术在市场上遭遇购买壁垒时，原先那种修修补补的创新活动已经不能满足我国构建现代化经济体系的需要，大规模的“创造性毁灭”活动亟待在供给侧结构性改革和新旧动能的转换过程中大展身手。

经济学家们一贯强调，唯有人力资本与全要素生产率才能维系高质量的增长；而人力资本发挥作用的过程正是“创造性毁灭”活动的开展过程，全要素生产率的提高又是“创造性毁灭”活动的结果。

因此，基于上述多个原因，在此选择以“创造性毁灭”为研究对象。

其次，为什么特别关注高校的创新创业教育？为什么要以企业家精神的培养为研究目的？

国内的不少高校，尤其是山东地区的一些高校，大学生在其职业生涯规划里习惯于将创新创业放置在选择的末位。他们中的一些人常常在考研考博失败或就业岗位不理想的时候，才不得已地选择创业。在这种情况下，他们往往缺失了应该在校园内就完成的创业思想准备和知识储备过程，从而导致其在初创企业的经营中吃尽苦头、付出不该有的代价。因此，他们的创新创业成功率低成为不争的事实。毋庸置疑，近几年高校在提升创新创业教育质量之路上一直在努力。借助于国家“大众创业、万众创新”的各项举措，高校已经创造了更多机会让大学生广泛参与到创新创业实践中去。即便如此，在很多情况下他们的教育成效仍不够显著。例如，大学生们的商业计划（Business Plan）里多充斥着假大空的项目，动辄就需要几千万、上亿的资金，且认为公司上市是分分秒秒的事情；缺乏翔实的市场调查、缺乏有核心竞争力的技术专利以及缺乏审慎的长远战略规划几乎是他们的通病。这一切可归结为大学生创新创业梦想的缺失和创业能力的储备不足。因此，可以说，直到现在，高校针对企业家精神这项培育工程，相关的奠基工作仍没有做好：大学生们的创业价值观体系没有塑造起来；他们创新创业动机没有完全被激发起来。

国家急需具有雄才战略的企业家以承担起“创造性毁灭”历史重任，在这紧要的关头高校的相关培养工作方面却出现了短板。因此，本书关注高校的创新创业教育、强调大学生企业家精神的培育是理所应当的事情。

国际上一些国家的创新创业教育提供了成功的范例，例如一贯重视实业创新的德国，在企业家培养方面也占据先机，他们的高校在大学生企业家精神培养方面往往以设置缜密完备的课程体系见长；日本的创新创业教育则特别强调培养学生的“创业志向”。但是我国不少高校却因饱受教育的“范式陷阱”之苦，深知成功具有不可复制性，对国外的经验只能有限地借鉴，而必须以“创造性毁灭”的思路走出一条具有中国创新创业教育特色的道路来。这需要借助核心价值观教育、新儒商文化教育等多措并举来加以实现。当然，无论是企业家精神的养成还是企业家阶层的培育，高校仅是开放的、社会生态系统的一环，校园内与校园外所有人的共同努力才能够完成这一历史重任。

新时代到来之际，正是大刀阔斧地开展“创造性毁灭”活动的时候，也正是激情四射地追逐中国梦的时刻。借此机会，我国的创新驱动经济增长模式正在逐步形成。这一过程类似于活火山的爆发：炙热的岩浆在地下翻滚着、翻滚着，热量与能量不停地积累，压力不断增大、增大，直至冲破地壳、喷薄而出。

1949 年，毛泽东主席曾经说过，我们不但善于破坏一个旧世界，我们还将善于建设一个新世界。

2018 年，习近平总书记指出，大力培育创新优势企业，塑造更多依靠创新驱动、更多发挥先发优势的引领型发展。

因此，正如郭沫若先生在诗中所讲的那样：“凤凰和鸣，我们更生了。”有充足的理由相信一个技术发达、民族振兴的最好时代正在朝我们走来。

李玉梅

2018 年 11 月